D1746244

Engelbert Kohl

Kurdistan

Schmelztiegel der Hochkulturen zwischen Anatolien und Mesopotamien

Weishaupt Verlag · Graz

Schutzumschlag-Vorderseite: Kurdisches Nomadenzelt in der Hakkari-Region.
Schutzumschlag-Rückseite: Kurdische Flüchtlingszelte im Grenzraum Türkei–Irak.
Vorsatz: Gebirgsübergang Suvarihalil, Türkei.
Nachsatz: Wasserstimmung am Nemrud-Vulkansee bei Tatvan, Türkei.
Seite 1: Ein kurdisches Bergdorf bei Hakkari.
Seite 2: Peschmerga-Kurde.
Diese Seite: Frühling in Kurdistan.
Text, Fotos und Layout: Engelbert Kohl.

ISBN 3-900310-89-0
1. Auflage 1991
Copyright © by Herbert Weishaupt Verlag,
Postfach 29, A-8047 Graz,
Telefon (0 31 51) 84 87 [Fax 0 31 51-20 24]
Sämtliche Rechte der Verbreitung
– in jeglicher Form und Technik –
sind vorbehalten.
Gesamtherstellung: Druck- und Verlagshaus
M. Theiss, A-9400 Wolfsberg.
Printed in Austria.

Inhalt

Vorwort 7
Einleitung 10
Kurdische Lyrik 13
Am Ararat verschollen 14
Ağri Daği – Büyük Ağri Daği – Großer Ararat 14
Kurdistan: Schmelztiegel der Hochkulturen 18
Uruk – »Erech im Lande Sinear« 19
Gilgamesch, König von Uruk 20
Die Schrift – ein Zeichen der Zivilisation 25
Babylon – einst das Paradies zwischen den Flüssen 26
Hammurabis Prozessionsstraße 26
Assyrer beherrschen den »Fruchtbaren Halbmond« 30
Völker wandern – Veränderungen, Bereicherungen 40
Neue Reiche – neue Herrscher: Die Hethiter 44
Meder, Kurden und Perser 48
Alexander erschüttert den Orient 50
Kurdistan findet Platz in der Geschichte Asiens 59
Alexanders Erben teilen – Die Parther und Römer rücken nach 59
Die Götter thronen in Kurdistan 61
Sassaniden und ihr Feuerheiligtum 68
»Allāhu akbar«: Die Islamisierung in Kurdistan 68
»Gihad«: Der Krieg gegen die »Ungläubigen« 69
Bursa – Zentrum der Geistlichkeit 83
»Kreuzzüge«: Kriege gegen »Ungläubige« 83
Salah ad-Din, ein Kurde wird berühmt 83
Mit den Reitern kam eine neue Herrschaft: Die Türken 94
Mongolen und Osmanen verändern das Kurdenland 94
Europas Interesse an Kurdistan – erneute Aufteilung 95
Kurdistan im Zeitablauf der letzten 1000 Jahre 96
Urartu: Land der Berge, Land am Ararat 111
Die Armenier: Eine Leidensgeschichte 111
Altintepe: Nordgrenze der Kurden 112
Die Macht im Mond: Der Mondgott 112
Die Kunst am See 124
Ishak Paša: Der Zwang zum Anhalten 124
Kurdistans Erde und ihre Schätze 137
Die Seidenstraße im Kurdenland: Handelsweg und Kulturbrücke 150
Das Wasser im Euphrat – Die Macht im Orient? 154
Türkisch-Kurdistan 162
Hakkari, »das wilde Kurdistan«: Stämme, Yaylas, Nomaden 168
Wind und Wetter formen die Kurden-Berge 169
Das Zelt: Schutz und Lager der Nomaden 176
Haufendörfer 186
Iranisch-Kurdistan 186
Irakisch-Kurdistan 198
Arabische Staatsbildung: Der Irak 215
Syrische Kurdengebiete 222
Kurdensiedlungen in der Sowjetunion 222
Kurdische Freiheitslyrik 225
Schrifttum 226
Glossar 226

Vorwort

Abenteuerlust könnte ich nicht sagen, wenn mir jemand die Frage stellen würde, warum und wie man nur immer wieder nach Kurdistan reisen kann, ins »wilde Kurdistan« noch dazu. Auch möchte ich das Vorwort nicht mit »mein Kurdistan« beginnen, denn zuviele sind es schon, die meinen, es sei ihr Kurdistan.

Das große Interesse für das Volk der Kurden fand ich gemeinsam mit meiner Familie unterwegs in Afrika, bei einer der vielen Reisen durch das Berberland, dessen rauhe Wirklichkeit der der Kurden sehr ähnlich ist und daher eine Neugier aufkommen ließ. Abenteuer und Reisen bedeuten mir und auch meiner meist mitreisenden Familie nicht Nervenkitzel, Wagnis und Rekorde, sondern schlicht und einfach das Draußensein in der »Natur«, bei Einheimischen oder auf ihren Feldern zu leben, keine Hotels und keine Restaurants, aber auch keine »Fremdenführer« zu brauchen. Denn Fremde sind wir nirgends, weder in Afrika und schon gar nicht in Kurdistan. Wir waren und blieben immer Gäste, wohl auch deswegen, weil wir uns so verhielten. Fast zwei Jahrzehnte reisen wir als Familie durch afrikanische, arabische und asiatische Länder, und gerade mit Kurdistan hat sich eine besonders große Freundschaft entwickelt. Mehrmals im Jahr nehme ich die Strapazen der langen Anreise von der Steiermark nach Kurdistan auf mich, um einige Wochen auf den Hochalmen und Bergen der Kurden leben zu dürfen, im Winter genauso wie im Sommer. Aus dieser großen Verbundenheit zum kurdischen Volk und seiner »Landschaft« Kurdistan ist es mir eine besondere Freude, nun mit diesem Buch auf die Schönheiten, aber auch die Pflicht, auf die Tragik der Menschen in diesem Schmelztiegel der einstigen Hochkulturen hinzuweisen. Wenn dabei immer wieder von »Kurdistan« die Rede ist, so meine ich wohl das Land der Kurden,

Altintepe bei Erzincan,
nördliche »Kurdengrenze« in Anatolien.

weise aber auch darauf hin, daß es ein anerkanntes Kurdistan (noch) nicht gibt. Die Kurdenpolitik der fünf Siedlungsländer Türkei, Irak, Iran, Syrien und UdSSR ist in der Praxis sehr unterschiedlich, verständlich ist sie mir meist nicht. Aber gerade von der Türkei, deren Gastfreundschaft uns die Türken immer wieder auf großzügige Weise entgegenbringen, würde ich mehr Toleranz für das Kurdenvolk erwarten.

Doch eher gegenteilig scheint nun seit dem Sommer 1991 die Entwicklung in Ostanatolien zu verlaufen. Geiselnahmen durch separatistische kurdische Untergrundbewegungen und räuberisch-bandenhaftes Verhalten der Kurden gegenüber Türkei-Reisenden (Touristen) versetzen der Kurdistan-Sympathie einen schweren Rückschlag. Die Türkei hat damit auch wieder jeden Vorwand, mit Einschränkungen, Verfolgungen und Diskriminierungen gegen das Volk in Ostanatolien vorzugehen.

Mit Ausnahme der Sowjetunion konnte ich alle »Verwaltungsländer« Kurdistans besuchen, und in all diesen Ländern ist mir das Leid der Kurden, aber auch ihre Unvernunft, indem sie mit Waffengewalt um Freiheit kämpfen, nicht verschlossen geblieben.

Während meiner zahlreichen Kurdistan-Reisen erlebte ich das Ende des ersten Golfkrieges vor Ort mit, drei Jahre später zwang mich der Beginn des zweiten Golfkrieges zur raschen »Flucht« aus dem Land der Kurden. Die Frühlingstage im April 1991 mit der leidvollen Kurdenflucht aus dem Irak verbrachte ich wiederum gemeinsam mit meiner Familie auf den Bergen Kurdistans.

Wenn auch all diese tragischen Ereignisse für die Kurden nicht mehr ungeschehen gemacht werden können, darf doch auf die Zukunft gehofft und mit der Schönheit der Landschaft und der Warmherzigkeit des kurdischen Volkes ein Lichtblick gesetzt werden. Dieses Kurdistan-Buch weist daher im besonderen auf die paradiesische Schönheit des Landes und die reiche geschichtliche Vergangenheit der Kurden im Vorderen Orient hin. Die Berge der Kurden, vom Tourismus gänzlich unberührt, strahlen mit ihrer Harmonie natürlich weit über die tragische Tagesordnung des kurdischen Volkes hinaus.

Allen politisch besonders interessierten Lesern empfehle ich daher, zusätzlich unter anderen die Darstellungen und Entwicklungen kurdischer Politik, verfaßt von den Autoren Ismet Cherif Vanly, Zuhdi Al-Dahoodi und Ferdinand Hennerbichler, zu lesen, um genauere Einblicke in die komplexe »Innen- und Außenpolitik« der Kurden zu erhalten.

Der »Steyr-Daimler-Puch-Fahrzeugtechnik« in Graz danke ich für die freundliche Überlassung eines »Pinzgauers 6×6« während einer »eisigen« Winterreise nach Kurdistan.

Anmerkung zur Fotografie unterwegs: Auf all meinen expeditionsartigen Reisen, ob in Afrika, in den Zentralräumen der Sahara, in den Tropen der Sudan-Region, in Asien auf 5000 Meter hohen Eiswüsten oder in den Tälern des Indus, wie auch in Kurdistan, verwende ich seit mehr als einem Jahrzehnt meine robuste Nikon. Unter diesen extremen Temperaturverhältnissen – in der Sahara erreicht die schattenlose Oberflächentemperatur ohne weiteres über 80° Celsius, dagegen fällt in Kurdistan die Wintertemperatur auf annähernd minus 30° Celsius – ist neben einer verläßlichen Kameramechanik auch die Filmwahl nicht unbedeutend. Ebenfalls aus besten eigenen Erfahrungen resultierend, verwende ich ausschließlich Kodachrome-Filme mit 64 und 25 ASA von Kodak. Dieses einzigartige Filmmaterial weist nicht nur höchste Temperaturstabilität auf, sondern es wird auch höchste Bildauflösung (Schärfe) damit erzielt. Sämtliche Bilder im schon von mir erschienenen »Libyen – Fezzan«-Bildband wie auch die im »Kurdistan«-Buch wurden mit Kodachrome-Filmen aufgenommen.

Engelbert Kohl
Feldbach, im November 1991

»Erst muß, bevor die Welt sich ändern kann,
der Mensch sich ändern.«
Bertolt Brecht

سڵاو یه‌كانی تێنه‌ییلبێرت به‌ تاپایبه‌تی كۆكردنه‌وه‌ی
له‌م په‌رتووكه‌دا ، به‌ سنوورهه‌ستم ده‌جوڵێنی و
خه‌یاڵم ده‌هێنێته‌ جووش .
هه‌رجاریكه‌ ده‌رفه‌تی ته‌ماشاكردنم هه‌بووبێت
ئه‌وا ئه‌مه‌ گه‌ڕانه‌وه‌یه‌كی ده‌روونی بوو . به‌ ناو
داگیركراوم كوردستانم

ڕزگار خۆشناو
نه‌مسا ـ گراتس
١ / ٩ / ١٩٩١

**Die Bilder von Engelbert Kohl bewegen meine Gefühle ins
Grenzenlose, und jedesmal, wenn ich Gelegenheit habe,
dieses faszinierende Buch anzuschauen, war und ist
es für mich eine innerliche Befriedigung und eine
seelische Reise durch mein besetztes Kurdistan.**

Risgar Koshnaw
Kurdischer Künstler
Österreich – Graz, 1991

Hakkari, Grenzregion Türkei – Irak – Iran.

Einleitung

Kurdistan, ein mit wildromantischer Schönheit reichlich ausgestattetes Land, die Heimat der Kurden, zählt auch im 20. Jahrhundert noch zu den wenig bekannten, dafür aber schönsten »Urlandschaften« unserer Erde. Doch von den Hängen der »Euphrat- und Tigris-Berge« klingen keine Hymnen auf die Schönheit Kurdistans. Aus den Tälern und von den Hochalmen, aus den Dörfern und Städten dringt der Ruf nach Freiheit und Unabhängigkeit. Noch nie in der Geschichte des seit Jahrtausenden im Vorderen Orient lebenden Kurdenvolkes wurde dieser Ruf, ein Aufschrei, so stark vernommen wie in diesen Monaten und Jahren.

Mehr als 20 Millionen Kurden bewohnen heute große Teile des Zwischenstromlandes (Zweistromland), die Region des »Fruchtbaren Halbmondes«, von Nordsyrien bis Südpersien und das wildromantische Hochland Anatoliens. Euphrat und Tigris, wohl die geschichtsträchtigsten Flüsse überhaupt, entspringen in Kurdistan, und dort, wo sie sich vereinigen, liegt der Schmelztiegel der Hochkulturen, die Wiege der Kultur des Menschen.

Kurdistan mit seinen günstigen Klimabedingungen erlaubte den Menschen schon vor 10.000 Jahren, zum Sammeln eßbarer Pflanzen überzugehen. Aus dieser Entwicklung der Nahrungserzeugung und der Seßhaftwerdung gelangte der Orient mit den Vorfahren der Kurden in eine »revolutionäre Phase« der Menschheitsgeschichte. Auf Kurdistans Bergen brachte man aus »wilden Gräsern«, Einkorn und Emmer, ein Urgetreide hervor. Die Bewohner der Region der iranischen Zagros-Berge verwendeten erstmals Reibsteine für das Mahlen von wildwachsendem Getreide. Diese »neolithische Revolution« mit den ersten Formen des Ackerbaus und der Viehzucht führte in weiterer Folge zur Handfertigkeit des Töpferns. Diese ersten Formen des Bauern- und Hirtenlebens ermöglichten einen raschen Fortschritt des Menschen im Vorderen Orient.

Während auf den kurdischen Bergen die ersten Dörfer entstanden und Werkzeuge Anwendung fanden, entwickelten sich in den Ebenen die Zentren der geistigen Kultur. Im Gebiet, das vom Mittellauf des Tigris durchflossen wird, gründeten Flachlandackerbauern gegen Mitte des 7. Jahrtausends v. Chr. ebenfalls Siedlungen. Im Umfeld von Samarra kam es zu ersten Bewässerungsversuchen, und mit der nachfolgenden Keramikherstellung in dieser Region wurde ein Warenaustausch zwischen Mesopotamien und Anatolien eingerichtet.

Die »rauhen Burschen« vom Berg, wie nun die Vorfahren der Kurden, die Bewohner der Berge genannt wurden, standen bereits vermehrt im Konflikt mit den Talbewohnern zwischen den Flüssen. Vielleicht begann die leidvolle Entwicklung der Kurden in den Ansätzen schon zu damaligen Zeiten, denn in dieser 10.000 Jahre langen Entwicklung im Vorderen Orient ist den Kurden ein eigener Staat auf Dauer verwehrt geblieben.

In der Hoffnung auf Freiheit sind ganze Stämme und Verbände mit ihren entschlossenen Männern immer wieder aufgestanden, aber die Freiheitskämpfe dieses Volkes gegen seine Besetzer haben an der allmählichen Aufteilung Kurdistans nichts mehr verändern können.

Heute leben die Kurden auf fünf Länder im Vorderen Orient verteilt. Völkerrechtlich werden sie diskriminiert, und die Verfolgungen der Kurden in vier ihrer fünf Siedlungsländer nehmen nicht ab. Die Nachkriegseinwirkungen des ersten und zweiten Golfkrieges veranlaßten Hunderttausende Frauen, Kinder und Männer, auf die höchsten Berge Kurdistans zu flüchten. Die dramatischen Frühlingstage des Jahres 1991, wo das kurdische Leid wieder einmal gipfelte, wurden von der Weltöffentlichkeit erstmals wahrgenommen. Aber bei aller finanzieller und materieller Hilfestellung durch die »Reicheren« dieser Erde kam Kurdistan seiner Freiheit keinen Schritt näher.

Eine Erleichterung erfuhren die Kurden nur in der Türkei, wo ihnen seit dem Frühjahr 1991 die eigene Sprache in der Öffentlichkeit wieder zugebilligt wird.

Aber interne Fehden unter den gesamtkurdischen Parteien aller fünf Siedlungsländer lassen nicht gerade eine Einheit der Kurdenpolitik erwarten, womit auch Verhandlungen zwischen Kurdenvertretern und den jeweiligen Regierungen eher erfolglos sind. Aufruhr, Rebellion und ein Unverständnis vieler westlicher wie östlicher Nachbarn für die Kurdenproblematik sollten trotzdem nicht davor abschrecken, das Land der Kurden kennenzulernen und damit ein gerütteltes Maß an Toleranz für ein großartiges, gastfreundliches aber unterdrücktes Volk aufzubringen. Eine häufig verwendete Redewendung könnte ergänzt werden: »Die Kurden haben keine Lobby. – Aber Freunde werden mehr!«

Orient, das Land im Osten, ein Platz der Schöpfung.
»Und Gott der Herr pflanzte einen Garten in Eden, gegen Morgen.«
Genesis 2, 8

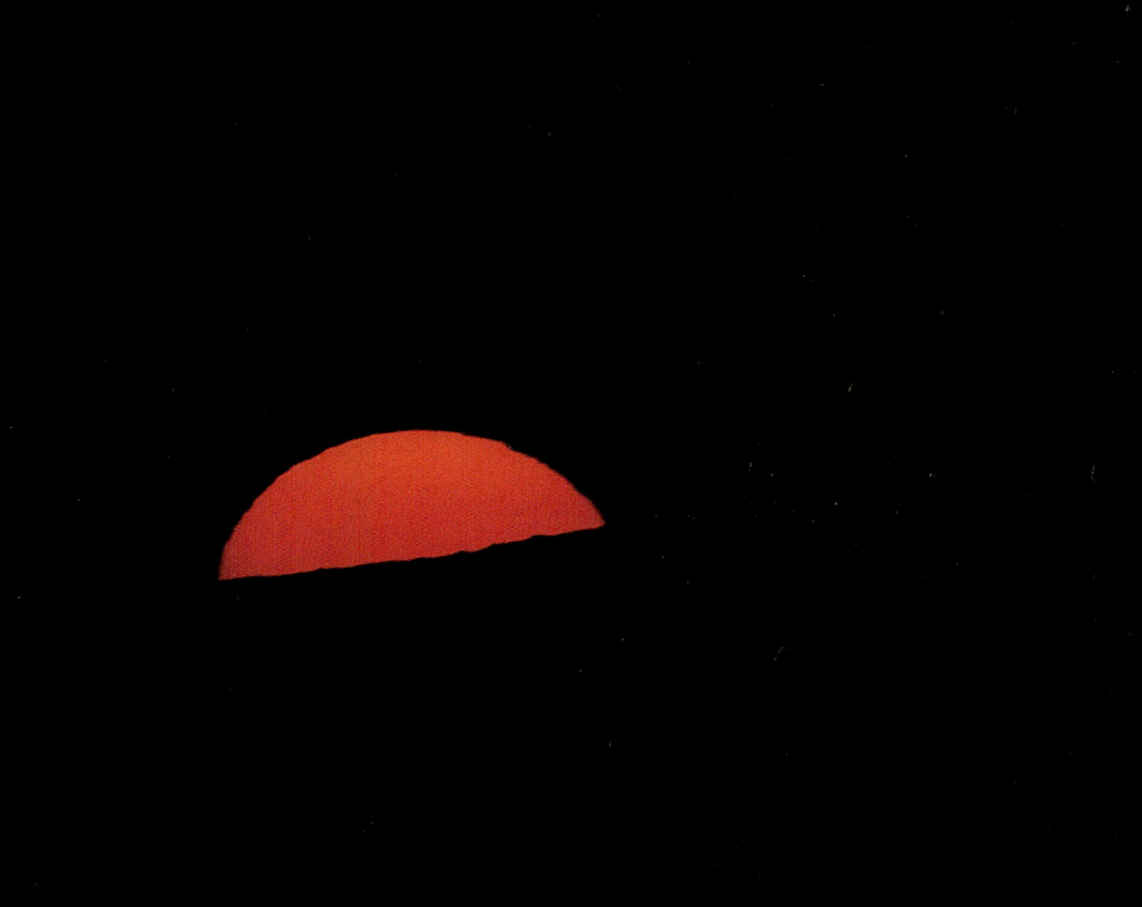

Kurdische Lyrik

Lēyān pırsīm:
Čāwıt
Yān wlātakat,
Kāmyānıt zōrtır xōšawē?
Wıtım: čāwım, wılātakam –
Hardūkyānım waku yaktırī xōšawē.
Balām hā... bıgra... awa... čāw.
Lē garē bā mınālakam
Ba sarbastī
La wlātakam dā bıgarē.

Sie fragten mich:
Deine Augen oder
Deine Heimat,
Was von beiden liebst du mehr?

Ich sagte: Meine Augen, meine Heimat –
Ich liebe das eine wie das andere.
Aber nimm sie, meine Augen.
Und laß mein Kind
Frei
In meiner Heimat sein.

Auszug aus Omar Faryad Fazil,
»Kurdische Lyrik«,
Rōšnāyī la dangawa

Ishak Paša Sarayi,
Doğubayazit.

Am Ararat verschollen

»Die Quellen der Urflut und die Schleusen des Himmels schlossen sich, der Regen vom Himmel ließ nach. Am siebzehnten Tag des siebten Monats setzte die Arche im Gebirge Ararat auf.«
1. Buch Mose, Vers 8, Bibel

»Und es wurde von Allah befohlen: oh Erde, verschlinge dein Wasser, und oh Himmel, halte deinen Regen zurück. Und dieser Befehl wurde vollzogen, und die Arche ließ sich auf dem Berge Dschudi nieder.«
11. Sure, Koran

»47 Tage nach Beginn der Sintflut landete Noah mit seiner Arche auf diesem Berg Ararat. Von dort oben schickte er eine Taube aus. Sie sollte erkunden, ob die Erde noch immer unter Wasser stehe. Dabei entdeckte die Taube das Volk der Kurden, und von diesem Volk aus begann die Neubesiedlung der Erde.«
Kurdische Sage

Ağri Daği – Büyük Ağri Daği – Großer Ararat

Schon vor fünftausend Jahren, zur Zeit der Urartäer, trug der 5165 Meter hohe Vulkanberg seinen Namen: Ararat. Als Landeplatz der »Arche Noah« nahm ihn die Bibel auf, und seither hat der Berg seine Faszination und seine Legenden nie mehr verloren. Expeditionen und Trekkingtouren werden über das ganze Jahr hindurch organisiert, um einerseits den Eisgipfel zu erstürmen, und andererseits vielleicht doch noch die Arche zu finden. Mehrere »Experten«, professionelle wie amateurhafte, wollen an der Westflanke des Berges schiffsförmige Bodenabdrücke auf nur 1600 Meter Höhe gesichtet haben. Allzu viele sahen daraufhin den geheimnisumwitterten Landeplatz schon vor sich. Aber fündig ist bis heute keiner von ihnen geworden. Der große Ararat, meist bedeckt seinen Gipfel eine beständige Wolkendecke, gibt nach wie vor das Geheimnis von Landeplatz und Sintflut nicht frei.

Der Ursprung der biblischen Geschichte ist im Süden Mesopotamiens, im antiken Land »Sumer«, zu finden. Euphrat und Tigris, beide Flüsse, die einst den Garten Eden in Sumer bewässerten, entspringen in diesem weiten, nördlichen Gebirgsland, das den Namen »Urartu« trug. Vielleicht führte gerade der Name Urartu (Ararat) zu einer Fehlinterpretation bei der Landeplatzbezeichnung der Arche. Denn eines steht heute wissenschaftlich einigermaßen gesichert fest: die Sintflut soll es wirklich gegeben haben. Sie bedeckte damals, vor etwa 8000 Jahren, weite Gebiete Mesopotamiens. Den Archäologen und Altertumsforschern gelang es, durch Grabungen in den Schwemmsandschichten der mesopotamischen Ebene (Ur, Uruk) Tontafeln ans Tageslicht zu bringen, deren Entzifferung mannigfache Erklärungen auch zur Sintflut brachten.

Sir Leonard Wooley, britischer Archäologe und berühmter Ausgräber der sumerischen Königsgräber von Ur in Südmesopotamien, und dem englischen Forscher Georg Smith gelang es, keilschriftlich überlieferte sumerische Texte von einem berühmten Helden aus der babylonischen Zeit zu entdecken und auch zu übersetzen:

Gilgamesch, König von Uruk, berichtet darin: »Acht Könige regierten dort im Zwischenstromland vor der Sintflut, dann kam das große Wasser, und nach der Flut übernahmen die Fürsten der Bergvölker die Geschicke der Menschen.« (Heute vermutet man in der Bezeichnung »Bergvölker« die Ur-Kurden.)

Dieses altbabylonische, alsbald weit über die seinerzeitigen Grenzen Mesopotamiens hinaus verbreitete Epos wurde dann durch Einfügung der bereits älteren sumerisch belegten Sintflutgeschichte zu einem »Zwölftafelwerk« ausgebaut und gilt heute als Weltliteratur. Auch in Nordmesopotamien (Kurdistan) fand man Erdschichten, die eindeutig auf eine große Überschwemmung, auf eine »Sintflut« in dieser Region, hinwiesen.

Wenn nun in der islamischen Religion ebenfalls Hinweise auf die Flut und die Arche Noah in der 11. Sure des Korans gebracht werden, so sollte man auch »ihren Landeplatz« näher betrachten. Mit dem Propheten Nuh (Noah) verbindet die 11. Sure unter anderem: »Und es nahm ab das Wasser, die Ordnung wurde wieder hergestellt und das Schiff hielt auf el-Dschudi.« Cudi Daği, ein 2114 Meter hoher Berg zwischen den kurdischen Städten Sirnak, Cizre und Silopi in der Südost-Türkei, bietet sich förmlich als möglicher Landeplatz der Arche Noah an. Immerhin ist es der erste höhere

Ararat, Ostanatolien: 5165 Meter hoher Vulkanberg im Grenzraum zwischen Türkei – Sowjetunion – Iran. Erstbesteigung im Jahre 1707 durch Pitton de Tournefort. Letzter Vulkanausbruch gemeinsam mit einem starken Erdbeben im Jahre 1840.

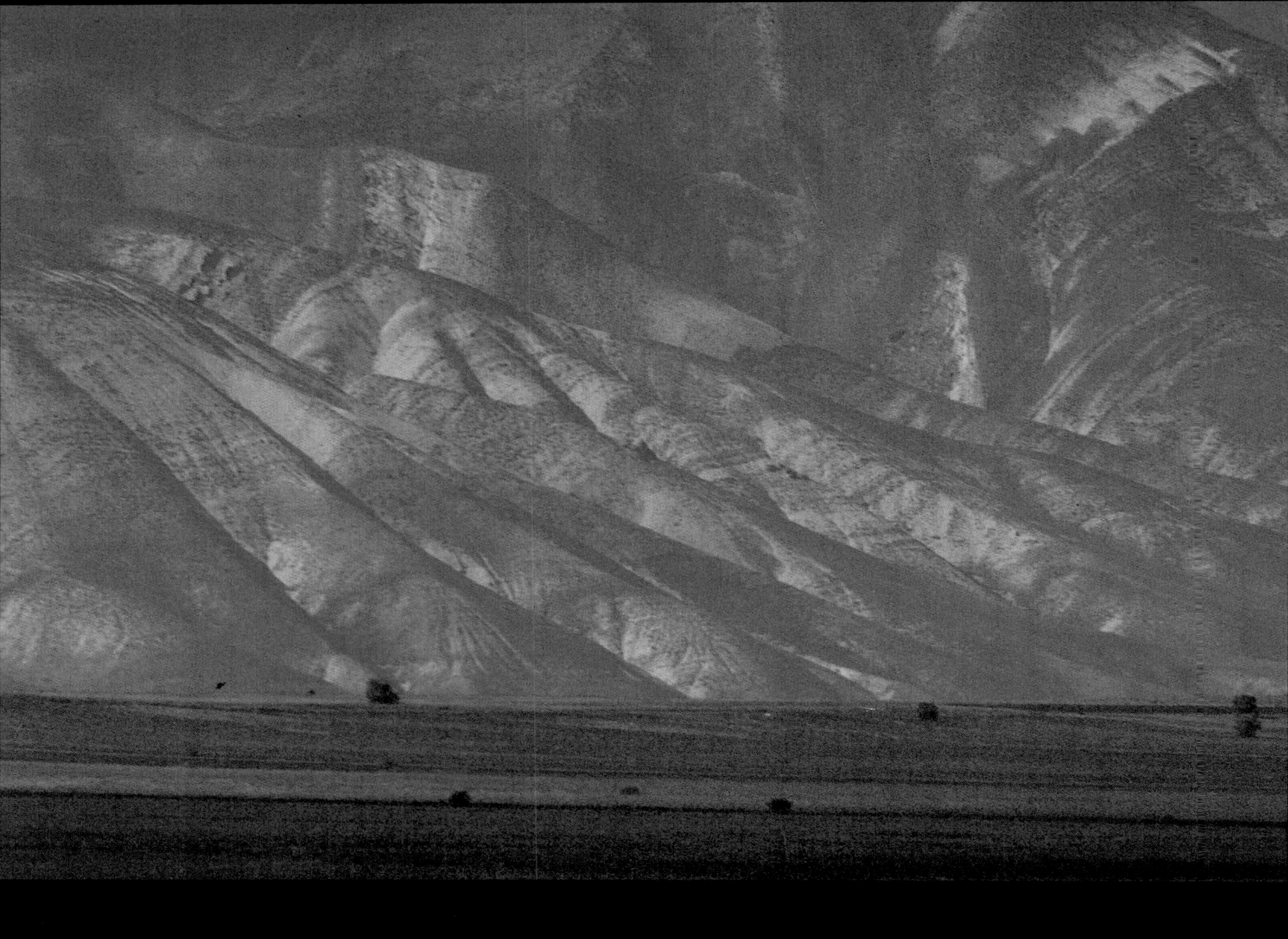

Anatolien und Kurdistan liegen im alpidischen Faltengebirgsgürtel der »Alten Welt«.
Das kurdische Hochland in Ostanatolien mit seinen umgrenzenden Kettengebirgen
und den dazwischenliegenden Einbruchsbecken ist jene typische Gebirgsform, die sich
vom Atlasgebirge Nordafrikas über die französischen Pyrenäen bis nach Hinterindien
erstreckt.

Berg nördlich der mesopotamischen Ebene, und außerdem bezeichnen Schiiten, Sunniten, Christen und Jeziden den Platz als Wallfahrtsort.

Auf diesem Berg Dschudi im türkisch-irakisch-syrischen Dreiländereck fanden Wissenschaftler in den sechziger Jahren unseres Jahrhunderts noch dazu Holzreste, deren Alter in die Sintflutzeit passen würde. Ob es wirklich die »Bretter« der Arche waren, wird wohl niemand mit Sicherheit behaupten können. Aber noch bevor diese »Schiffsreste« entdeckt wurden, trug der Fundplatz unter den Einheimischen schon den Namen »Sefine Yeri – Nuh's Landeplatz«.

Der Ararat könnte auch aus noch anderen Gründen nicht als der Landeplatz der Arche angesehen werden, da zwischen den sumerischen Ebenen und dem Ararat gleich eine ganze Reihe von drei- und viertausend Meter hohen Bergen liegt. Ob da eine Sintflut tatsächlich all diese Gipfel Kurdistans überfluten konnte, sollte wohl bezweifelt werden. Nach all den Gemeinsamkeiten und Gegensätzen zwischen wissenschaftlichen Forschungsergebnissen, biblischen Überlieferungen und völkischer Tradition verleitet es einen vielleicht doch, anzunehmen, daß die Arche mit Noah im Gebirge »Urartu«, das später Ararat genannt wurde, gestrandet ist. Ob nun am Büyük Ağri Daği oder 300 Kilometer südöstlich am Cudi Daği die Menschheitsgeschichte wieder begann, sollte auch nicht zu wichtig genommen werden, denn eines steht ja fest: die Arche ist gelandet, oder doch gestrandet?

Als Grenzberg zwischen Persien, Rußland und der Türkei hatte der »Fünftausender« Ararat jahrzehntelang politische Bedeutung. Heute steht der Vulkankegel als nördlichstes Zeichen Kurdistans. Noch vor hundert Jahren war der Berg Mittelpunkt Armeniens. Büyük Ağri Daği: der Schicksalsberg.

Kurdistan: Schmelztiegel der Hochkulturen

Euphrat, der »Fruchttragende«, und Tigris, der »Wasserreiche«, zwei Flüsse, deren Ursprung in Türkisch-Kurdistan liegt, sind auch heute noch die Lebensader des heißen und trockenen Landes Irak. Mesopotamien, das »Land zwischen den Strömen« konnte in der Antike durch künstliche Bewässerungen die regenarmen Zeiten überbrücken. Am Zusammenfluß von Euphrat und Tigris lag somit ein »Garten Eden«, das Paradies, wie uns die Bibel überliefert. In diesem Gebiet zwischen den Strömen wurden vor etwa 12.000 Jahren die ersten Jäger und Sammler seßhaft. Mit der zu Ende gehenden Altsteinzeit, als Nahrungsmittelsuche nur mit Jagd und Sammeln verbunden war, und dem Beginn der Jungsteinzeit, des Neolithikums, erfolgte im Zwischenstromland eine tiefgreifende Umstellung der Lebensgewohnheiten. Klima, Bodenbeschaffenheit, Flora und Fauna hatten bei dieser Entwicklung eine wichtige Rolle gespielt.

In der ersten Phase kultivierte man Getreide. Die nördlichen Gebiete Mesopotamiens, das heutige Kurdistan, waren dabei bahnbrechend, und in weiterer Folge gelang den Völkern am Berg die Domestizierung von Ziegen, Schafen und Rindern. In Kurdistan entwickelten sich dabei schon die ersten dörflichen Siedlungen, und man benutzte bereits feinpoliertes Steingeschirr sowie hochwertige Keramik. Dem Ur-Pflug folgte bald ein Saatpflug, der Pflügen und Säen in einem Arbeitsgang ermöglichte. Dscharmo, ein kurdisches Dorf östlich von Kirkuk im heutigen Irakisch-Kurdistan, hatte vor 8500 Jahren die am weitest fortgeschrittene Ackerbaukultur der Erde. Verschiedene Getreidesorten, Gebrauchsgegenstände und Kultfiguren waren selbstverständlich und schon höchst entwickelt.

In der Welt des »Mesopotamiers« stieg die Gottheit von den Höhen des Himmels über die Stufentürme, die Zikkurats, herab, um unter den Menschen zu sein. Besonders verehrt wurde der Wassergott »Enki«, denn nur seine Gunst ermöglichte es, Euphrat und Tigris zu zähmen. Im Frühjahr führten beide Flüsse trübes, reißendes Wasser im Übermaß nach Mesopotamien.

Die Zwischenstrom-Ebene und ihre Landwirtschaft hatte mit der Flut immer wieder den Kampf aufzunehmen. Keilschrift-Texte berichten hinlänglich vom gefährlichen Anwachsen der Flüsse bis hin zu reißenden, wilden Strömen. Die Flut als Katastrophe war ohnehin im Bewußtsein der Menschen, und gerade die Vorstellung, daß der Zorn der Götter die Sintflut ausgelöst hätte, fand dann ihren literarischen Niederschlag im Gilgamesch-Epos der späteren Zeit.

Die landwirtschaftliche Nutzung des Zwischenstromlandes zwang damals die Menschen zur Zusammenarbeit. Keine Familie konnte allein ausreichend große Bewässerungskanäle errichten und instandhalten. Das trübe Schnee-Schmelzwasser aus Kurdistans 4000 Meter hohen Bergen, durch Euphrat und Tigris 2000 Kilometer angeliefert und mit Schwemm-, Schlamm- und Sandmaterial reichlich versehen, ließ die Bewässerungsdämme immer höher und höher werden. Aber man war im Süden in der Lage, gut zu organisieren und erwirtschaftete somit Überschüsse, konnte Vorräte anlegen und damit wiederum Handel betreiben. Für diesen »Ex- und Import« war es sozusagen erforderlich, eine Art Buchhaltung und Lagerführung aufzubauen. Dem Rollsiegel, als Stempel verwendet, folgte sogleich die erste Schrift, und einem »Großhandel« stand nichts mehr im Wege. Man bezog Obsidian und Edelsteine aus dem Norden, dem Land Kar-da oder Gutium, einem Gebiet, welches heute die Region am oberen Tigris in Türkisch- und Irakisch-Kurdistan darstellt.

Mit dem wahrscheinlich aus dem Südosten Asiens eingewanderten Volk der Sumerer entwickelte sich also um 3000 v. Chr. eine erste Hochkultur. Städte wurden errichtet, und die stufenförmigen Tempeltürme, die Zikkurats, standen in der Folge im gesamten Zwischenstromland. Die Stadt Uruk und die nach ihr benannte Uruk-Periode, welche etwa 300 Jahre andauerte, lieferte für Archäologen und Altertumsforscher größte Erkenntnisse. Uruk, heute Warka im Südirak, trug im Alten Testament die Bezeichnung »Erech im Lande Sinear«. Hier baute man einen großartigen Tempel zu Ehren »Inanna«, der Göttin des Krieges und der Liebe.

Die bedeutendste Erfindung aller Zeiten im Orient war wohl die Schrift von Uruk. Aus einer anfänglich einfachen Darstellung von Bildern und deren Weiterentwicklung kam man schließlich zur Keilschrift. Aus der Uruk-Periode stammt neben vielen anderen Erfindungen auch das Rechensystem, bei dem man von der Zahl 60 als höchste Einheit ausging. Ein System, das unsere Zeiteinteilung und die Winkelmessung heute noch verwendet. Die Vorstellung vom Kosmos war bei den Sumerern vor 5000 Jahren bereits sehr klar, und sie verfolgten die Theorie, daß in der Urphase der Weltkern völlig vom Wasser umgeben war und daraus Himmel und Erde entstanden. Auch die Götterwelt mit einer großen Zahl an Gottheiten war für das Reich Sumer bezeichnend.

Größere Kriege gab es in der Frühgeschichte noch nicht. Die erste große Katastrophe, welche mit dem Namen Uruk verknüpft war, war die Sintflut. In einer sumerischen Königsliste wurde ein letzter König vor der Flut erwähnt und König Gilgamesch als 28. König nach der Sintflut bezeichnet, womit eine gewisse Zeitspanne errechnet werden konnte.

Die Zeit der großen Könige war angebrochen, und ein neuer König, Sargon I. von Akkad, ein syrisch arabischer Semite, regierte von 2284 bis 2240 v. Chr. die Region. Er war der erste einer Dynastie von fünf weiteren Königen. Das neue Reich Akkad wurde gleich mit eiserner Faust vergrößert. Trotzdem gelang es den Bergvölkern, »Barbaren« wurden sie auch genannt, das Land Sumer zu überfallen und Akkade, die neue Hauptstadt, dem Erdboden gleichzumachen. Die Guti, die »Barbaren« aus dem Land »Gutium« oder »Kar-da«, lebten in Kriegsstimmung an der Nordgrenze von Akkad, und mit der Niederwerfung der Stadt trat dieses Volk immerhin für 100 Jahre die Herrschaft an.

An dieser schicksalhaften Entwicklung im Land Sumer waren nun, erstmals in der Geschichte, wahrscheinlich die »echten Vorfahren« der Kurden maßgeblich beteiligt. Im Norden des reichen Landes von Akkad standen mittlerweile auch schon die ersten dauerhaften Siedlungen dieses Bergvolkes. Nach 100 Jahren der Vorherrschaft zog sich das »Bergvolk« – ohne größere Spuren zu hinterlassen – wieder in die angestammte Nordregion zurück. Von der Stadt Akkade wurde bis heute nichts mehr gefunden. Die Kurden hatten bei der Zerstörung ganze Arbeit geleistet. Das Großreich Akkad fand 2000 v. Chr. keine Möglichkeiten mehr, in alter Tradition weiterbestehen zu können. Rivalisierende neue Stadtstaaten und ins Zwischenstromland immer mehr einströmende Nomaden verursachten eine neue Strömung im Schmelztiegel des Vorderen Orients. Zwischendurch gab es auch wieder Aufschwünge, wie in der Stadt Lagasch unter König Gudea. Letztendlich gingen wieder neue Reiche daraus hervor: Assyrien im Norden und Babylonien im Süden Mesopotamiens.

Uruk – »Erech im Lande Sinear«

Uruk, die Heimat des berühmten König Gilgamesch, war über 4000 Jahre lang, schon in der Frühgeschichte beginnend, eine der bedeutendsten Stätten des Zwischenstromlandes. Im Alten Testament als »Erech im Lande Sinear« bezeichnet, trägt diese Geburtsstätte der menschlichen Kultur heute den arabischen Namen Warka. Vor 5000 Jahren erlebte Uruk eine erste Blüte, Tempel für die Himmelsgötter wurden gebaut, und eine über neun Kilometer lange Stadtmauer umschloß den gesamten Stadtstaat Uruk. Mit dem Niedergang des Reiches verschwand die Stadt für Tausende Jahre unter dem Schlamm Mesopotamiens.

Erst vor 60 Jahren entdeckten Archäologen die altsumerische Hauptstadt des legendären König Gilgamesch wieder, in der die Schrift erfunden wurde und zahlreiche Zeugnisse diese vergangene Hochkultur belegen. Zwischen den Flüssen Euphrat und Tigris hatten die Einwohner von Uruk eine intensive Bautätigkeit erlebt, und zur Gottesverehrung gehörten neben unzähligen Opfergaben auch die heiligen Tempel als Orte vieler Kulthandlungen. Keilschrift-Tafeln fand man neben Schatzhäusern, Kunstwerke von klassischer Schönheit neben Tonkugeln, die man zum Rechnen (Kalkulieren) brauchte. Tontafeln mit Keilschrift-Texten betrafen vorwiegend Handelsbereiche, und sie waren somit wichtige Wirtschaftsurkunden der staatlichen Tempelbehörden. Uruk besaß mit dem Stadtbewußtsein ein Gefühl der enormen Überlegenheit gegenüber der Bevölkerung des offenen Landes, und es kam daher auch zu dauernden Auseinandersetzungen mit der nomadisierenden Fremdbevölkerung. Keilschrift-Texte weisen dabei auf mürrische Menschen hin, die keine Gottesfurcht kannten. Sie wurden als Kut-Horden bezeichnet, und ein literarischer Text schildert die rauhen Sitten der damaligen Nomaden: »Mit der Waffe machen sie das Gebirge zu ihrem Wohnort.« Möglicherweise bezeichneten damals auch die Städter in Uruk mit »Kut« oder »Kuti« bereits die Vorfahren der Kurden. (Wissenschaftlich fundiert spricht man allerdings erst ab den »Medern« von Kurden-Vorfahren.)

Zahlreiche Flußlaufänderungen, vor allem des Tigris, und Hochwasserschäden um 700 n. Chr. haben die Region der einst höchsten Kultur total eingeebnet. Uruk, aus der die schriftlichen Überlieferungen der Sintflut stammen, ist zur antiken »Schwemm-Stätte« geworden. Die Flüsse Euphrat und Tigris ließen die Hochkultur entstehen, und sie bewirkten deren »Konservierung«.

Großbauten wie Paläste und Tempel, einst aus Ziegeln und Bitumen gebaut, sind im Laufe der Jahrtausende durch Witterungseinflüsse größtenteils verschwunden. Hinweise auf die prunkvolle Ausstattung der Kultbauten finden sich aber heute noch in Form von emaillierten, glasierten oder gefärbten Ziegeln in Kobalt- und Lapislazuli-Farben, wovon ich im Frühjahr 1990 noch zahlreiche Originalstücke an Ort und Stelle bewundern konnte. Das Ziegelformat der »Uruk-Häuser« war nicht immer dasselbe. Mathematischen Texten konnten z. B. Ziegelmaße von ⅔ Ellen lang, ⅓ Elle breit oder 5 Finger (Zoll) stark entnommen werden. Ein Baumaterial, das in den Flußniederungen Mesopotamiens in unerschöpflichen Mengen zur Verfügung stand, war damals außer Lehm auch noch das Schilf. Zusammengebundene und mit Lehm verkleidete Schilfbündel wurden anfangs im Bauwesen genauso verwendet wie später die Lehmziegel. Auch dabei wurde dem Lehmklumpen gehacktes Stroh oder Schilf beigemengt, und anschließend wurde der Ziegel von der Sonne getrocknet. Seit dem Beginn des 3. Jahrtausends v. Chr. kamen meist nur mehr gebrannte Ziegel zur Anwendung, die wohl der Verwitterung besser trotzten, aber immer noch keine allzu hohe Qualität aufwiesen. Erst mit dieser Bausubstanz war man nun im gesamten Zwischenstromland in der Lage, gewaltige Tempel zu errichten, und es entstand die typische Form der Zikkurats, einer terrassenförmigen Tempelanlage.

Gilgamesch, König von Uruk

Gilgamesch, jener vergöttlichte König, dessen Reich das südbabylonische Uruk war, regierte wahrscheinlich in der sogenannten frühdynastischen Zeit zwischen 2750 und 2600 v. Chr. Die Sumerer, Erfinder der ältesten Schrift der Menschheit, beherrschten zu jener Zeit den größten Teil Babyloniens. Sie hatten verschiedene Stadtstaaten, die gegenseitig oft im Kampf standen und sich auch das Wasser von Euphrat und Tigris abzugraben suchten. König Gilgamesch muß wohl einer der mächtigsten Herrscher dieser Zeit gewesen sein. Die Errichtung der großen Stadtmauer von Uruk wird ihm zugeschrieben, und die kulturelle Hochblüte seiner Regierungszeit wurde zur reichsten Überlieferung mythischer Sagen mit geschichtlichem Hintergrund.

Weltliteratur entstand daraus: das Gilgamesch-Epos.

Auszug aus dem Epos, erste Tontafel:
»Auch steig auf die Mauer von Uruk, geh fürbaß,
Prüfe die Gründung, besieh das Ziegelwerk!
Ob ihr Ziegelwerk nicht aus Backsteinen ist...«

Uruk – Warka, »Erech im Lande Sinear«, Südirak.
4000 Jahre lang war die Stadt eine der bedeutendsten Metropolen im Zwischenstromland. Die antike Stätte wurde vom »Schlamm der Flüsse« eingeebnet.

Schilfhaus – Mudif

Die Schilfzonen des Marschlandes waren wegen ihrer Undurchdringlichkeit echte
Sicherheitszonen. Auf kleinen Inseln zwischen den Flüssen baute man schon in sumerischer Zei
Hütten aus Gräsern und Schilf. Dicke Bündel des mehr als sechs Meter hohen Rieds werden zu
tragfähigen Bögen geformt und mit geflochtenen Matten überdacht, wobei ein Flechtwerk vor
Millionen Halmen entsteht. Man spricht von »schwimmenden Häusern«

Schatt el Arab, vor Basrah, Südirak.
Marschland – arabisch hör, sumerisch sug,
n der Keilschrift-Literatur auch »Meerland« genannt.
Zusammenfluß von Euphrat und Tigris

Uruk. Die Entstehung der Keilschrift erfolgte aus einer
Bilderschrift in der sumerischen Frühgeschichte
(um 3000 v. Chr.). Die anfangs verwendeten Zeichen dienten
hauptsächlich der Abwicklung des Wirtschaftslebens.
Das Schreibmaterial war Ton.

Die Schrift – ein Zeichen der Zivilisation

Die Schrift, aus den Anforderungen der ersten Buchhaltung hervorgegangen, war – wie schon erwähnt – anfangs nur ein System von Bildzeichen. In Uruk gelang damit vor etwa 5000 Jahren die wohl revolutionärste Erfindung der Menschheit. Die ersten Bildzeichen hatten anfangs lediglich das Festhalten wirtschaftlicher Daten zum Ziel, wobei eine Zahl jedem gezählten Gegenstand vorausging, der wiederum mit einem symbolischen Abbild wiedergegeben wurde. Diese ursprünglichen Bildzeichen waren reine Symbole bzw. Ideogramme. Erste Anwendungen der Schrift und der Buchhaltung gingen wahrscheinlich aus dem Bereich des Tempels hervor, wo Priester zur Abwicklung ihrer Geschäfte und verschiedener anderer Verwaltungsaufgaben ein System der bildlichen Aufzeichnung brauchten. Nur der Tempel verfügte über ein solches »Verwaltungszentrum«, und auch nur dort gab es einen großen Stab von fähigen Beamten, den sogenannten »Schreiberlingen«. Die ältesten Aufzeichnungen waren eben Abrechnungen und Warenlisten der Tempel-Priester. In der Folge wurde diese Bilderschrift in abstrakte Zeichen, Striche und Keile umgewandelt, und gleichzeitig hatte die neue Schreibart auch einen neuen Namen bekommen: Keilschrift.

Als Schreibgerät diente nun ein schräg zugeschnittener Rohrgriffel, ein Keil. Neben Ton wurde anfangs auch auf Stein (Lapis, Jaspis, Alabaster) geschrieben. Einfache Tonbriefe waren von der Größe einer Hand, Urkunden oder Gesetzestafeln hatten schon beachtliche Größen (Tafel). Ein geschriebener Brieftext erhielt als »Unterschrift« meist noch einen zusätzlichen Siegelabdruck. Diese in Mesopotamien entstandene »Uruk-Schrift« umfaßte nun zwar bereits alle Lebensbereiche, aber nur jene Menschen, die in den Ebenen zwischen den Flüssen lebten, hatten Zugang zu dieser Errungenschaft. Die hohe Kultur blieb immerhin im Süden Mesopotamiens eine Zeitlang recht stationär.

Die Bergbewohner, welche heute noch teilweise ohne Schrift auskommen, waren anfangs von dieser Schrift-Revolution noch vollkommen isoliert. Aber häufig wurde in vielen frühen Keilschrift-Texten bereits das Land »Karda« oder auch »Gutium« erwähnt. Auch von »Lulubis«, ebenfalls einem Bergvolk, überlieferten die Keiltexte den Bezug des Flachlandes zu den Bergbewohnern.

Ein direkter Zusammenhang zwischen diesen 5000 Jahre alten, keilschriftlich erwähnten Bergvölkern und den Kurden ist zwar mit dem heutigen Stand des Wissens noch nicht ganz bestätigt worden, aber eine Andeutung auf eine Gesellschaft am Berg und im Tal ist wohl klar erkennbar. Eine kurdische Schrift der Antike, parallel zur Uruk-Schrift, ist nicht überliefert bzw. noch nicht gefunden worden. Erst mit der Islamisierung im siebten nachchristlichen Jahrhundert zeichnete sich ein neues, eigenes Schriftbild Kurdistans ab. Über die islamische Religion entstand dabei eine Anlehnung an die arabische Schrift, obwohl damit eine unumschränkte Ausdrucksform der Kurden nicht gegeben ist. Auch durch die politische Aufteilung des kurdischen Volkes auf fünf Siedlungsländer ist es äußerst schwierig geworden, eine einheitliche Schrift innerhalb des Volkes weiterzuentwickeln. Heute ist man daher in Kurdistan in der Lage, arabisch, persisch, aber auch lateinisch und cyrillisch zu schreiben. In den nördlichen Kurden-Regionen hat sich ein 31 Buchstaben umfassendes Alphabet zu einer eigenständigen Schrift, »Hawar«, entwickelt.

Babylon – einst das Paradies zwischen den Flüssen

Babylon, eine kleine, unscheinbare Stadt, etwa 90 km südlich von Bagdad, stieg mit dem berühmt-berüchtigten König Hammurabi (1728 bis 1686 v. Chr.) zu einer Weltmacht und Weltstadt auf.

Hammurabi, der Name bedeutete »Gott Ammu ist groß«, wies mit Sargon I. von Akkad Gemeinsamkeiten auf: Beide waren Semiten, und beide hatten Großreiche geschaffen. Babylon gelangte aber mit Kunst, Kultur und Handel in die Blütezeit, in der sich ein höchstes Verständnis für Mathematik entwickelte. Algebra und Geometrie für astronomische Berechnungen beherrschte man genauso wie Potenzieren und Wurzelziehen. Inhaltsberechnungen von Kegeln und Pyramiden und die mathematischen Lehrsätze waren hier längst bekannt. Auch die Literatur, Gedichte, Hymnen, Klagegesänge und Heldenlieder, war vom babylonischen Alltag nicht mehr wegzudenken. Beamte mit »richtigen Ämtern« bauten eine Verwaltung auf, wobei »funktionierende Gesetze« zur Anwendung kamen. Die 282 Paragraphen des »Kodex Hammurabi« regelten alle Lebensbereiche des Volkes im Zwischenstromland.

In dieser altbabylonischen Zeit wurden große Teile der bisher mündlich überlieferten sumerischen Literatur auch keilschriftlich auf Tontafeln angelegt. Darunter befanden sich – wie schon erwähnt – epische Texte vom berühmten Helden »Gilgamesch«, dem König von Uruk. Nach dem Tode Hammurabis bedrohten die Kassiten, ein Reitervolk aus dem Iran, die Stadt und das Reich Babylon. Vier Jahrhunderte lang regierten dann diese Reiter aus dem iranischen Zagros-Hochland die Region der Ebene. Zur gleichen Zeit, etwa um 1600 v. Chr., erschien noch ein zweites Volk in Babylon: die Hethiter aus Anatolien. Mursilis I., ein Hethiterkönig, plünderte nun gleich einmal Babylon.

Die Kassiten – auch sie sind in der Linie der »Ur-Kurden« zu sehen – verstanden es während ihrer 400 Jahre langen Herrschaft in Babylonien sehr gut, zwischen den großen Reichen der Hethiter in Kleinasien und den heranwachsenden persischen Elamitern zu taktieren. Noch dazu hatten sich diese ehemaligen Bergnomaden in den Ebenen Babylons bereits gut etabliert. Ihre Liebe galt ganz besonders den Pferden. Überlieferungen besagen, daß in Babylon zu dieser Zeit mehr Pferde als Stroh zu finden waren. Die nachrückenden Elamiter waren letztendlich doch stärker und übernahmen um 1100 v. Chr. die Herrschaft über das Gebiet zwischen den Flüssen.

Babylon besaß vorerst keine weitere Bedeutung mehr, und es sollte wohl noch einige hundert Jahre dauern, bis die alte Sumer-Akkad-Tradition für kurze Zeit am alten Platz wieder aufleben konnte.

Hammurabis Prozessionsstraße

Babylon war damals sicher die eindrucksvollste Stadt der Welt. Hammurabi, 1728–1686 v. Chr., der erste große Herrscher dieses Reiches, wurde nicht nur wegen seiner Gesetzessammlung bekannt: seinem Ausspruch »Aug' um Aug' – Zahn um Zahn« kam wohl auch einige Bedeutung zu. Die Hammurabi-Dynastie besiegten und zerschlugen dennoch im Jahr 1531 v. Chr. die in die mesopotamischen Ebenen vorstoßenden Hethiter aus Anatolien. Eine zweite Blüte erlebte das neubabylonische Reich erst wieder mit den Chaldäern um 625–539 v. Chr. Die monumentale Architektur Babylons zeigt heute noch restaurierte und wiedererrichtete Glanzstücke der einst so gewaltigen mesopotamischen Kultur. Das damals verwendete Baumaterial Lehm hatte es dabei schwer, Jahrtausende zu überstehen. Es war auch das einzige Material, das zwischen Euphrat und Tigris im Überfluß für Bauzwecke zur Verfügung stand.

Die Stadt Babylon war voll von Üppigkeit und heidnischer Pracht, sie besaß »hängende Gärten« und war der Mittelpunkt der damaligen Welt. Was heute wiederhergestellt an Größe bewundert werden kann, ist das spätere »neue Babylon« der Könige Nabupolassar und Nebukadnezar. Die Prozessionsstraße – von hohen Verteidigungsmauern, die mit Löwen geschmückt und im Relief aus glasierten Ziegeln ausgeführt waren, gesäumt – führte von Norden kommend durch die Stadt. Sie war die vornehmste aller Straßen, und zum Neujahrsfest trug man die Götterbilder einher. Entlang dieser mehrere hundert Meter langen Straße pilgerten die Könige und Gäste zum großen, mit heiligen Stieren und Drachen verzierten Ischtar-Tor. Babylon war für die Bibel schlechthin der Ort für »Sünde«. Daran sollte auch der semitische Name für die Stadt, »Bab-ili« – Tor Gottes, nichts ändern.

»Aibur – schabu« – »der Feind soll darauf nicht gehen«, Prozessionsstraße. Babylon, mesopotamische Hauptstadt am Euphrat. Die monumentale Architektur diente der Verherrlichung der Götter und der Herrscher. Babylon erlebte zu unterschiedlichen Zeiten kulturelle Höhepunkte, wobei bedeutende Bauwerke entstanden.

Die Stadt Babylon betritt man heute durch ein rekonstruiertes Ischtar

Assyrer beherrschen den »Fruchtbaren Halbmond«

Die Assyrer – sie gingen aus dem Völkergemisch der vorangegangenen Reiche hervor – hatten zu Hammurabis Zeit schon den Norden Mesopotamiens erobert. Ein friedliebendes Volk waren sie wahrlich nicht. Die kurdischen Siedlungsgebiete in Nordmesopotamien, aber auch die hohen Kurdenberge von Hakkari und die Vansee-Region der heutigen Türkei hatten die Assyrer bereits mehrmals angegriffen und letztendlich auch unter ihre Kontrolle gebracht. Nur Hammurabi störte es noch nicht, blieb doch das südliche Babylon selbst erst einmal verschont.

Der erste Assyrer-Führer, Tiglatpilesar I. (1116–1078 v. Chr.), war ein ambitionierter Jäger, dessen Jagdlust allgemein bekannt war. Die königliche Jagd bevorzugte damals als Beute hauptsächlich Löwen, Stiere, Affen und Strauße. Ein großer Politiker und Heerführer war Tiglatpilesar aber nicht, da er lieber seiner Jagd frönte.

Erst sein Nachfolger, Sargon II. (721–705 v. Chr.), wurde der große Führer der Assyrer. Babylon streckte er nieder, wie auch die Völker im iranischen Zagros-Gebirge von ihm besiegt wurden. Ninive in Nordmesopotamien machte er zur Hauptstadt. Diese antike Stätte liegt heute inmitten der nordirakischen Kurdenstadt Mosul.

Im 7. Jahrhundert v. Chr., am Höhepunkt seiner Macht, dehnte sich das Assyrische Reich in einem breiten, über 2000 km langen Bogen vom Persischen Golf über das Euphrat- und Tigris-Gebiet westwärts durch Syrien bis zum Mittelmeer und dann der Küste entlang über Palästina bis nach Ägypten aus. Somit umfaßte dieses von Sargon II. geführte Großreich die fruchtbarsten Gebiete und die wichtigsten Handelsstraßen des Nahen Ostens.

Die Assyrer waren Nachkommen von Semiten, die sich zunächst am Mittellauf des Tigris ansiedelten und schließlich politische Führung in Assur (nördlich von Bagdad) suchten, einer Stadt, die nach dem Gott Assur benannt war, der später Reichsgott wurde und auch den Assyrern ihren Namen gab.

Der fruchtbare Boden der assyrischen Ebene lieferte reiche Erträge an Gerste und Sesam sowie guten Weidegrund für Rinder und Pferde. Das Land erhielt meist genügend Niederschläge, so daß es keiner künstlichen Bewässerung bedurfte. Assyrien war daher immer ein Ziel für räuberische Völker aus den Bergen und Steppen im Norden und Osten des Zwischenstromlandes. Um überleben zu können, mußten die Flachlandbauern kriegerische Fähigkeiten entwickeln, und mit einer Reihe von Pufferstaaten erfolgte der Aufbau des Reiches, an dessen militärische Stärke vorerst keiner herankam.

Assyrien war vorwiegend eine Nation von Leibeigenen, die an das Land gebunden waren, das sie bestellten. Sie konnten mit dem Grundbesitz verkauft werden und waren ihrem Dorf gehorsamspflichtig. Das Dorf wiederum war durch die Verpflichtung, Steuern zu zahlen und an religiösen Festen teilzunehmen, von einer Stadt abhängig. Der Amtsgewalt des Königs unterstanden viele Städte, wie Assur, Ninive, Erbil, Nimrud und noch andere. Heute sind dies durchwegs die Städte der Kurden.

In der Geschichte Mesopotamiens begann sich nun der Ursprung der Kurden mehr und mehr aus dem Schmelztiegel der Orientvölker herauszulösen. Ein im nordwestlichen Iran, im Bereich des Urmia-Sees lebendes Viehzüchtervolk, die Meder (Madayyer), ein indoeuropäisches Volk, wird bereits in assyrischen Inschriften aus dem 8. vorchristlichen Jahrhundert erwähnt. Vermutlich siedelten diese Meder aber schon seit dem Ende des 2. vorchristlichen Jahrtausends in der Nordwestregion des heutigen Iran. Später zogen sie weiter nach Süden und machten Ekbatana, das heutige Hamadan (Iran), zu ihrer Hauptstadt.

Diese indogermanischen Meder, die heute ziemlich sicher als die unmittelbaren Vorfahren der Kurden gelten, schlossen mit den Völ-

Nimrud – Kalhu, Irakisch-Kurdistan, Assyrer-Hauptstadt
(1274 v. Chr.).
Reliefplatten im Palast Assurnasirpals II., Thronsaal (9. Jahrhundert
v. Chr.). Im Bereich der mesopotamischen Kunst kam dem Relief
eine große Bedeutung zu. Die Darstellungen entstammen dem
religiösen und politischen Bereich und haben urkundlichen Wert.

Meist wurde aus einer anschaulichen Aufzählung aus Politik und
Leben durch die Aneinanderreihung von Steinreliefs ein
nachprüfbarer Rechenschaftsbericht. Die Gestalten mußten ihrer
Bedeutung gemäß wiedergegeben werden. Herrscher und Götter
waren demnach größer als gewöhnliche Sterbliche, besiegte
Feinde wurden am kleinsten dargestellt.

kern der Skyten und Chaldäer ein Angriffsbündnis, um im Jahre 612 v. Chr. gegen Assyrien anzukämpfen. Die stark befestigte assyrische Hauptstadt Ninive fiel schon nach drei Monaten der Belagerung. Schließlich wurden die Überreste der assyrischen Armee dann in der Schlacht bei Karkemisch (Südost-Türkei) gänzlich vernichtet. Damit hatte das assyrische Reich aufgehört zu bestehen, und alle Völker des Nahen Ostens bejubelten seinen Untergang. Die Meder übernahmen sofort die Macht im östlichen Assyrien und in den ehemals assyrischen Provinzen nördlich und östlich des Tigris.

Vorerst kaum beachtet wurde dabei im übrigen Orient die schon bald folgenschwere Tatsache, daß die Perser, ebenfalls eine Gruppe indogermanischer Stämme, die sich im früheren Elam niedergelassen hatten, Vasallen der Meder wurden und so zu einer beachtlichen Größe »heranreiften«.

Während dieser Zeit erlebte das neubabylonische Reich der Chaldäer (625–539 v. Chr.) im Süden Mesopotamiens unter seinem König Nabupolassar eine späte Blüte. Sein Sohn, Nebukadnezar II. (605–562 v. Chr.), machte Babylon wieder zu einer glanzvollen Hauptstadt, und die alte Größe wurde wieder hergestellt. Nebukadnezar II., ein erfahrener Soldat, ging unverzüglich daran, die westlichen Landstriche des assyrischen Großreiches an sich zu reißen. Er unterwarf Syrien und dehnte seine Herrschaft bis an die Grenze Ägyptens aus.

Das kleine Königreich Juda blieb dagegen ein Unruheherd. Trotz der Warnungen des Propheten Jeremia hielt sich dessen König Jojakim nicht an sein Versprechen, Babylon Tribut zu zahlen. Nebukadnezar II. belagerte daraufhin Jerusalem, und obgleich er die Stadt selbst verschonte, brachte er 10.000 jüdische Bürger als Geiseln nach Babylon mit.

Es verwundert nun wohl nicht, wenn Sadam Hussein im Sommer 1990 von sich annahm, ein »Nachfahre« Nebukadnezars zu sein und dabei diese Politik aus jenen Tagen der Geschichte in Kuwait einsetzte. Auch die Grausamkeiten und die Taktik der Kuwait-Okkupation im Sommer 1990 standen ganz im Vorzeichen der Kriegsführung von Nebukadnezar II.

10 Jahre nach der ersten Belagerung Jerusalems setzte sich Nebukadnezar erneut in Marsch. Dieses Mal wurde Jerusalem völlig zerstört und all seine noch lebenden Einwohner nach Babylon verschleppt.

Im eigenen Land machte sich der Kriegsheld mit der »eisernen Faust« nun zur Aufgabe, Babylons Größe weiter auszubauen. Unter anderem errichtete Nebukadnezar einen prächtigen Tempel für den Gott Marduk, und weil seine aus Medien stammende Frau sich noch immer nach ihren heimatlichen Bergen sehnte, baute er einen neuen Palast auf einem Hügel, der stufenförmig angelegt und üppig bepflanzt wurde: die »Hängenden Gärten der Semiramis« in Babylon.

Nebukadnezar II. verstarb 562 v. Chr., und das chaldäische Babylon ging durch eine militärische Aktion, geleitet von einem jungen, vorerst noch unbekannten persischen Prinzen, unter. Schon bald danach wurde dieser Heerführer der Perser als »Kyros der Große« weltbekannt. Die Meder standen 539 v. Chr. dem Perserkönig Kyros voll zur Seite, um gemeinsam Babylon zu erobern und in der Folge die Stadt auch zu zerstören.

Babylon, die antike und einst so bedeutende Stadt im Vorderen Orient, wurde innerhalb der letzten Jahrzehnte großzügig restauriert, wieder aufgebaut und kann somit auch heute sehr gut einen Eindruck der einstigen Pracht vermitteln.

»Ohne Freund ist selbst das Paradies leer.«
Arabische Weisheit

Karawanserei – Rasthaus, Bagdad.
In allen Städten des Orients entstanden neben
Bazaranlagen (Suk) für die Händler auch befestigte
Unterkünfte für die Karawanenführer
und andere Durchreisende.

Bagdad – Tausend und eine Nacht. »Madinat as – Salam«, die Stadt des Friedens wurde im 8. Jahrhundert n. Chr. durch den Abbasidenkalifen Al-Mansour zur Hauptstadt ernannt. Mit dem Kalifen Harun Al-Rashid erlangte die Stadt Ruhm und Ansehen. Wenige Jahrzehnte später zerstörten die Nachfolger im Streit Bagdad am Tigris-Fluß. Nach dem Wiederaufbau erfolgte im 13. Jahrhundert durch den Einfall der Mongolen abermals eine Zerstörung. Nach der Herrschaft durch Osmanen, Türken und Engländer wurde Bagdad 1932 Hauptstadt des Irak.

Samarra, Askari-Moschee.
Diese nordirakische Stadt erlebte eine der ersten Kulturentwicklungen Mesopotamiens. Vor 8000 Jahren, wenn nicht schon früher, legten Hirten und Jäger in dem Gebiet, das vom Tigris durchflossen wird, Lagerplätze an. Sie wurden langsam zu Ackerbauern und gründeten auch die Siedlung Samarra. Die Stadt erlangte bald eine Eigenständigkeit mit der Herstellung von Keramikwaren. Dabei kam es zu regen Handelsbeziehungen mit allen Nachbar-Regionen, so auch mit Anatolien. Diese Kulturexpansion entstand zu einer Zeit, als in der Nachbarschaft – in den Bergen Kurdistans – die Ackerbaukultur und Viehhaltung bereits bekannt waren. Das Kurdendorf Dscharmo (Garmo), als wahrscheinlich erstes Ackerbaudorf der Erde, konnte mit der Stadt Samarra erste Handelsverbindungen eingehen. Aus einem Gespräch zweier Götter berichtet eine Keilschrift-Überlieferung aus dem Gebiet folgendes: »Laß uns nach dem Berge gehen, nach dem Berge, wo Gerste und Bohnen wachsen, zu dem geheimnisvollen Fluß, wo das Wasser aus der Erde hervorquillt, laß uns die Gerste von ihrem Berge herunterholen, laß uns Sumer, welches keine Gerste kennt, mit der Gerste bekannt machen.« Die Götter sprachen dabei von Kurdistan und den südlichen Ebenen zwischen Euphrat und Tigris.

Die mit einer riesigen vergoldeten Kuppel überwölbte Askari-Moschee dient als Grabmoschee des Imams Ali Al-Hadi und dessen Sohn Hassan Al-Askari, des 10. und 11. schiitischen Imams.

Samarra, Malwiyya-Spiralminarett. Das Minarett der großen Moschee von Samarra wurde im 9. Jahrhundert n. Chr. errichtet. Malwiyya-Spirale nennt man dieses 54 Meter hohe Backsteinmauerwerk, und es erinnert an die altorientalischen babylonischen Zikkurats (Stufentempel). Die dazugehörige Moschee gehört mit ihren Ausmaßen (240 m x 160 m) zu den größten der islamischen Welt. Während der Bauzeit der Moschee drängten bereits erste türkische Nomaden, die Seldschuken aus Zentralasien, nach Westen in Richtung Anatolien. In Bagdad regierte das Kalifat der Abbasiden, und die ersten schiitischen Sekten formierten sich bereits im Orient zu einer strengen Glaubensgemeinschaft innerhalb der islamischen Religion. Samarra wurde während der Abbasidenzeit unter dem 6. Kalifen Al-Mu'tasim, er war ein Sohn von Harun Al-Rashid, zur Hauptstadt erhoben. Während der Regentschaft von sieben Kalifen behielt die Stadt diese Bedeutung, bevor Bagdad das Kalifat wieder übernahm. Der Stadtname Samarra leitet sich möglicherweise vom alten aramäischen Namen »Surra man ra'a« – »glücklich wer sie sieht« – ab.

Völker wandern – Veränderungen, Bereicherungen

Die geschichtliche Entwicklung der Menschheit wurde in vielen Epochen durch Wanderbewegungen von Stämmen entscheidend verändert. Ganze Völker gingen auf die Suche nach besseren Lebensbedingungen. Auch in unserem technisch hoch entwickelten 20. Jahrhundert sind noch immer Millionen von Menschen – Asiaten, Afrikaner, Europäer und Südamerikaner – unterwegs, um bessere Lebensbedingungen zu finden. Viele von ihnen, wir bezeichnen sie gerne als Wirtschaftsflüchtlinge, sehen darin eine letzte Chance, ihre Freiheit und bessere Lebensbedingungen zu finden, die sie in ihren angestammten Lebensräumen nicht mehr haben oder nie hatten.

Von den Völkerwanderungen im frühen 2. Jahrtausend v. Chr. weiß man, daß neben der Suche nach reicheren Jagdgründen auch eine starke Eroberungslust mit vielen weiteren Gründen ausschlaggebend war. Auf der eurasischen Landmasse setzten sich vor 4000 Jahren zwei große Völkergruppen in Bewegung. Diese Stämme trugen wohl eigene Namen, als zusammengehörig kannte man sie noch nicht. Erst wesentlich später konnten sie aufgrund sprachlicher Gemeinsamkeiten, die möglicherweise auf rassische Verwandtschaft hinweisen, als indogermanische und semitische Volksgruppen klassifiziert werden. Warum sie ihre Heimat verließen, wo ihnen das Wandern doch fremd war, ist auch heute nicht restlos erklärbar.

Die Indogermanen aus den klimatisch rauhen, semiariden Steppen Eurasiens und die Semiten aus den Wüsten Arabiens waren mit Pferden, Eseln und Kamelen mobil genug, um weite Wanderungen auf sich zu nehmen. Europa erhielt während dieser Periode eine nachhaltige Prägung. Eine indogermanische Volksgruppe, die später mit Mykener bezeichnet wurde, zog nach Griechenland und verdrängte dort die Minoer. Weitere indogermanische Stämme folgten in diese ägäische Region, und eine grandiose Zivilisation entstand daraus. Kelten, Germanen, Balten und Slawen formten nun Europa. Im Süden des Kontinents wurden die Latiner und Etrusker mit einer hochentwickelten Kultur die Grundsteinleger für das nachkommende Großreich Rom.

Auch Kurdistan, damals in der Völkergeschichte noch nicht so sehr bekannt als ein großes, geschlossenes ethnisches Siedlungsgebiet der Kurden, sondern viel mehr als ein Berggebiet mit »wilden Stämmen« bezeichnet, bekam nun Berührung mit den Wanderungen.

Die Hethiter, ebenfalls ein indogermanischer Stamm, zogen in Anatolien ein, wo sie ein großes Reich errichteten. Andere indogermanische Gruppen drangen über die iranische Hochebene bis nach Nordindien vor. Dieses Volk, als Arier bezeichnet, ermöglichte in Indien eine einzigartig geistig-religiöse Kulturentwicklung, den Hinduismus.

Über ganz Europa bis nach Südasien waren die Auswirkungen der Wanderungen und die daraus resultierenden Verschmelzungen der Völker sichtbar. Die stärksten Einflüsse durch diese weiträumigen Bevölkerungsverschiebungen erlebte aber Mesopotamien, das Zwischenstromland. Hier waren die Auswirkungen besonders einschneidend.

In Mesopotamien und im angrenzenden Gebiet östlich des Mittelmeeres lebten Stämme und Völker, die schon seit Jahrhunderten um Macht und Landbesitz kämpften, und wo noch dazu Städte lagen, die so groß und wohlhabend waren, daß sie von weit her beutegierige Heere anzogen.

Am östlichen Mittelmeer lagen bedeutende Häfen, und die Handelsstraßen dieser Region vermittelten unermeßlichen Reichtum. Die aus dem Norden herandrängenden Indogermanen, und die Vorfahren der Kurden waren hier keine Ausnahme, stießen hier nicht nur mit der seßhaften Bevölkerung, sondern auch mit semitischen Gruppen zusammen, die aus dem Süden und Westen einwanderten.

Die meisten der Bewohner im Vorderen Orient waren Semiten, darunter auch die Assyrer, die schon um 3000 v. Chr. die Wüste verließen und sich längs des Tigris-Flusses im nördlichen Mesopotamien angesiedelt hatten. Ein anhaltender Konflikt in diesem nahöstlichen Raum, in dem es ständig gärte, war gefährlich genug, um alte Reiche und Kulturen zu zerstören und neue entstehen zu lassen. Die Politik und der instabile Friedenszustand haben sich im Nahen Osten bis heute nicht wesentlich verändert.

Ktesiphon, in der Nähe von Bagdad, einst die Hauptstadt der Parther und später der Sassaniden, bekam im Zwischenstromland eine gänzlich neue Architekturform. Diese Bauart wird durch einen überwölbten Raum mit offener Fassade als Iwan bezeichnet. Ursprünglich im 2. Jahrhundert v. Chr. nur als Ort für Kulthandlungen vorgesehen, erreichte das Bauwerk in Ktesiphon unter den nachfolgenden Sassaniden im 4. Jahrhundert n. Chr. eine einzigartige Entwicklung und Größe. Ein kolossaler, freitragender, 36 Meter hoher Bogen erreichte eine Spannweite von 27 Metern. Obwohl später unter den Seldschuken, Mongolen, Timuriden und Safawiden dieses Monsterbauwerk zum Leitmotiv der persisch-islamischen Moscheen- und Medresenbaukunst (Koranschulen) wurde, erreichte man niemals mehr die Dimension von Ktesiphon.

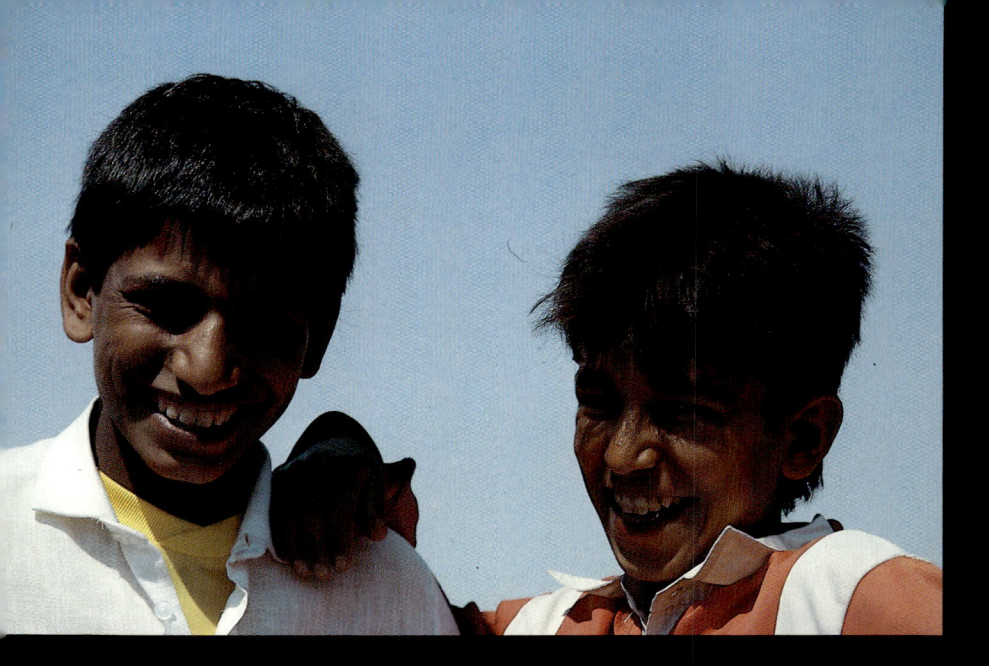

Hatra an der Seidenstraße

Zwischen dem Mittleren Orient und dem Okzident gab es in griechisch-römischer Zeit mehrere Städte, die in ihrer Blütezeit den Handel beherrschten. Hatra war dabei nicht nur die reichste Karawanenstadt auf der Handelsroute von China und Indien ins Abendland, diese Stadt stand auch im kulturellen Mittelpunkt der hellenistisch-römischen Welt, wo sie als Pufferstadt gegen das Reich der Parther und Sassaniden fungierte. Hatra kam durch den Karawanenhandel zu höchstem Reichtum. Die Sassaniden beendeten Mitte des 3. Jahrhunderts n. Chr. die Vorherrschaft und die Blütezeit der Stadt.

Neue Reiche – neue Herrscher: Die Hethiter

Die Hethiter, kulturell hochentwickelte Nachbarn der Kurden, waren ein indogermanisches Volk der tausend Götter, dessen Heer immerhin auch Babylon, das Zentrum der mesopotamischen Hochkulturen, eroberte. Sie brachten mit ihren Königen eine gänzlich neue Politik in den Vorderen Orient und nach Anatolien. Unterworfene Völker wurden durch Bündnisverträge, wobei ihnen innenpolitisch eine weitgehende Unabhängigkeit erhalten blieb, zu Bundesgenossen gemacht. Der hethitische König Hattuschili III. schloß 1278 v. Chr. den ersten überlieferten Friedensvertrag der Geschichte. Sein Vertragspartner war Ramses II. von Ägypten. Auch die Hethiter, dieses bedeutende Volk einer Hochkultur und eines Großreiches, sind nach 500jähriger Herrschaft im Ansturm fremder Völker untergegangen. Zehntausende Keilschrift-Tafeln lassen die hethitische Geschichte wieder aufleben.

»Das Land gehört dem Wettergott, Himmel und Erde sowie die Menschen gehören dem Wettergott«, so heißt es in Texten auf einer Tontafel in Hattuša, Anatolien. Dort, inmitten der kahlen, schneebedeckten Berge, errichteten sie in 900 Meter Höhe ihre Hauptstadt. Die kleinen, gedrungenen Menschen mit »Adlernasen« hatten um das Jahr 1700 v. Chr. das eurasische Hinterland verlassen, um sich in Kleinasien anzusiedeln. Als kriegerische Elite zwangen sie dem dort lebenden Volk im Lande »Hatti« (Chatti), von dem sich dann wahrscheinlich der Name Hethiter ableitete, ihren Willen und ihre Macht auf. Die hethitische Hauptstadt »Hattuša« (heute Boğazkale) fiel letztendlich mit dem Niedergang des Reiches einem Großbrand zum Opfer. Einigermaßen erhalten blieb nur die Bibliothek und damit Tausende Keilschrift-Tontafeln, worunter sich auch hethitische Fassungen des Gilgamesch-Epos befanden.

Nun, wie kam es in Anatolien zu einer derartigen Entwicklung der Hethiter? Mit der Festigung des »neuen Reiches Hatti« und einer großen Anpassungsfähigkeit der Hethiter begann sich mehr und mehr eine hohe Kulturentwicklung in Anatolien abzuzeichnen. Sie übernahmen die Keilschrift der Babylonier, um ihre eigenen Gesänge und Mythen, aber auch um königliche Erlässe und Verwaltungsberichte niederzuschreiben. Eine technische Erfindung sondergleichen wurde der hethitische »leichte Streitwagen«.

Im Aufstieg zur militärischen Großmacht war dieser Streitwagen natürlich von großem Vorteil, und König Mursilis I. zog damit gleich einmal 1000 Kilometer nach Kurdistan zum Euphrat hinab, wo es ihm weiter auch gelang, Babylon im Süden zu erstürmen. Er blieb jedoch nicht lange in Mesopotamien, denn Streitigkeiten zu Hause in Hattuša veranlaßten ihn, zurückzukehren. Kurz nach seiner Heimkehr wurde Mursilis I. von seinem Schwager ermordet, und die Eroberung Babylons brachte den Hethitern selbst kaum noch Vorteile. Ganz im Gegenteil, sie erleichterte nun die Einnahme des südlichen Zwischenstromgebietes durch andere Indogermanen: Bergvölker aus dem Zagros-Gebirge, dem späteren Iranisch-Kurdistan, konnten in die Ebenen nach Babylon einsickern. Den Kurden-Vorfahren entging zu keiner Zeit der Geschichte eine Gelegenheit, sich an Eroberungen zu beteiligen.

Auch andere kriegerische indogermanische Stämme, wobei sich »ur-kurdische« Gruppen wahrscheinlich ebenfalls beteiligten, zogen aus dem nördlichen Mesopotamien bis an die Landesgrenzen der Hethiter. Unter dem geschickten Krieger und Diplomaten Suppiluliuma, der 1370 v. Chr. den hethitischen Thron bestieg, bekämpften und bedrohten von allen Seiten Feinde die Stadt Hattuša. Länger als 10 Jahre mußten die Verteidigungsanlagen der Hauptstadt verstärkt werden, um erstmals das Einsickern fremder Krieger zu verhindern.

Suppiluliuma zog aber 1366 v. Chr. trotz Bedrohung durch den Stamm der Mitanni südwärts, um nach der Euphrat-Überschreitung den »Mitanni-Feind« von hinten anzugreifen. Die Aktion gelang, und die Mitanni wurden hethitische Vasallen. Zug um Zug eroberte nun das Hethiter-Heer weitere Königreiche in Mesopotamien. Letztlich konnte es im Jahre 1353 v. Chr. nur noch Ägypten an Größe und Macht mit dem Hethiter-Reich aufnehmen. Mit der Stärke Ägyptens war es in jenen Tagen wohl nicht am besten bestellt, erreichte doch im selben Jahr Suppiluliuma eine erstaunliche Botschaft aus Ägypten. Eine junge ägyptische Königin, die Witwe Tutanchamuns, der kurz zuvor im Alter von 18 Jahren gestorben war, schrieb an den Hethiterkönig: »Mein Gemahl ist tot, und ich habe keine Söhne. Es heißt, daß ihr viele Söhne habt. Wenn ihr mir einen davon schicken wolltet, so könnte er mein Gemahl werden.« Suppiluliuma hielt das Ganze für eine List und entsandte vorsichtshalber zuerst

Götter-Prozession, Schutz- und Trutzgötter in Yasilikaya – Hattuša, Anatolien.
Die Hethiter sprachen von tausend Göttern, und es war eine himmlische Heerschar von Schutz- und Trutzgöttern, die man in Hattuša verehrte. Nicht viel weniger Gottheiten und Dämonen kannten und verehrten auch die Völker in den Ebenen von Babylon. Nur dort fürchtete man sich weit mehr vor diesen Geistern, als daß sie verehrt wurden. Die zwölf Wettergötter spazieren gemeinsam in einer Art Prozession oder Aufmarsch durch das Felsheiligtum von Yasilikaya, ganz im Sinne, Gläubige mitzureißen und in ihrem Gottesglauben zu stärken. Man beachte dabei die Prozessionen und die Tradition der Christen 4000 Jahre danach. Unterschiede sind klar zu sehen: die Hethiter hatten noch Tausende Götter, wir zweifeln an einem Gott.

45

»Kellerräume«, Vorratsbehälter der Hethiter.
Mannshohe, in den Boden eingegrabene Tongefäße ermöglichten in Hattuša eine kühle Vorratshaltung der Lebensmittel. Ein Volksnahrungsmittel der Hethiter war das Bier, welches man nicht in Fässern aufbewahrte, sondern nach dem Maischen und Mahlen zu Brot gebacken hat. Nun konnte man nach Bedarf das »Bierbrot« aus dem Magazin holen, mit Wasser ansetzen, und das Getränk war frisch und fertig. Bier wurde warm getrunken, nicht aus Bechern, sondern mit Strohhalmen

Löwentor, Eingang zur Hethiter-Hauptstadt Hattuša – Boğazkale in Anatolien. Die Stadt wurde etwa 1600 v. Chr. gegründet und das Eingangstor seither von Löwen gesichert

einen Freund, um herauszufinden, was tatsächlich hinter diesem ägyptischen Angebot steckte. Ein Jahr lang zog sich dieses Heiratsangebot hin und her, der Hethiterkönig zauderte, und als er doch nach über einem Jahr einen seiner Söhne auf den Weg nach Ägypten schickte, war es zu spät. Anchesenamun, die junge Witwe und ägyptische Königin, hatte die Macht bereits wieder verloren. Der angereiste, unglückselige hethitische Prinz wurde sofort ermordet.

Das Hethiter-Großreich blühte weiter, auch deswegen, weil das Land aus einem Netzwerk von Staaten, die miteinander Friedensverträge besaßen, bestand. Sorgen bereitete ihnen nur die zunehmende Stärke und Aggressivität der Assyrer, ihrer Nachbarn in Obermesopotamien. Die Assyrer feindeten sich zudem auch mit den Ägyptern an, was dann doch 1269 v. Chr. zu einem Beistandsvertrag zwischen dem Hethiter-Herrscher Hattušili und dem ägyptischen Pharao Ramses II. führte. Zwei Jahre nach diesem Friedensabkommen nahm sich Ramses II. eine hethitische Prinzessin zur Frau.

Eine neue Welle von fremden Eindringlingen, »Seevölker« genannt, weil sie vom östlichen Mittelmeer herkamen, legte um das Jahr 1200 v. Chr. Hattuša, die Hethiter-Hauptstadt, in Schutt und Asche. Wer immer sich an der Zerstörung des Hethiter-Reiches noch beteiligte, und ob dazu auch die Phryger gehörten, kam in der Überlieferung der hethitischen Geschichte nie klar zum Ausdruck. Eines ist heute ganz sicher: der Untergang des Hethiter-Reiches gehört zu den dunkelsten Perioden der kleinasiatischen Geschichte.

Weitere Staatenbildungen und der Beginn der frühen Eisenzeit auch in Kleinasien bekamen in der Folge immer mehr Bedeutung. Das zentral-kleinasiatische Gebiet blieb in den Händen der Phryger, ein Volk mit ebenfalls indogermanischer Sprache. Von den Griechen übernahmen sie später die Alphabetschrift. Gordion in Zentralanatolien war Hauptsitz, aber auch an der Stelle von Hattuša ist man auf Zeugnisse einer phrygischen Besiedlung gestoßen.

Ihre Bestattungen nahmen die Phryger im späteren Verlauf ihrer Geschichte anscheinend nur noch in Felsengräbern vor. Ein Brauch, der wiederum vom Volk der Lykier übernommen worden ist.

Im westlichen Kleinasien, das schon zur Hethiterzeit seine Selbständigkeit bewahren konnte, entstand während der frühen Eisenzeit auch der Staat der Lyder, jenes Volk, das eine Auseinandersetzung mit den Medern, den Vorfahren der Kurden, im Jahre 585 v. Chr. ausgefochten und gleich darauf mit ihnen aber Frieden geschlossen hatte. Kroisos, König der Lyder, wurde Erbe dieses schon recht großen Reiches, und nach einem Orakelspruch von Delphi, worin ihm ein günstiger Augenblick für einen Angriff prophezeit worden war, schritt er gegen die Perser in den Krieg. Kroisos hatte ein Bündnis mit den Babyloniern und den Ägyptern geschlossen, aber eine rasche Hilfe konnte allein schon wegen der großen Entfernung nicht sofort erfolgen. Kroisos unterlag im Jahre 546 v. Chr. den Persern, die nun ganz Kleinasien bis hin zur Westküste in ihren Besitz gebracht hatten. Ein neuer Kulturabschnitt, die Zeit der Griechen und Perser, formte von nun an Kleinasien von der westlichen Mittelmeerküste bis nach Kurdistan.

Meder, Kurden und Perser

Die Annahme, die Meder seien die direkten Vorfahren der Kurden, weil sich auch deutliche Gemeinsamkeiten in der Sprache nachweisen lassen, ist vorerst nur eine vage, historisch noch nicht restlos belegte Vermutung. Zweifellos aber waren die Kurden auch später in das iranische Großreich mit medischer Prägung eingebunden. Auch die Ausdehnung des damaligen Meder-Reiches ist mit dem heutigen Kurdistan identisch.

Kyros der Große gründete um die Mitte des 6. vorchristlichen Jahrhunderts das Perserreich der Achämeniden. Die Perser, sie waren einst Untertanen der Meder, hatten ihren Einfluß auch über ganz Anatolien verbreitet, und mit den persischen Großkönigen verschwand nun die geschichtliche Bedeutung der Meder. Die verschiedenen Stämme und Völkerschaften lösten sich aus dem medischen Verbund. Nur in den Bergregionen des Zagros und in den schwer zugängigen Tälern hielten sich Gruppen und Stämme, die sich dem persischen Großkönig nicht unterwarfen und schon eine gewisse Autonomie behaupten konnten. Diese Bewohner der Berge nannten sich Karduchen.

Die Zeit von 1000 bis 500 v. Chr. war schließlich die letzte Periode, in der Mesopotamien im Zentrum des Weltinteresses stand. In der nachfolgenden Epoche verlagerten sich die Zentren der Entwicklung menschlichen Fortschritts und menschlicher Macht vom Nahen Osten zum Westen, vom Orient zum Okzident. Anfangs führten das »Persische Reich«, das schließlich die Gebiete Mesopotamiens, Ägyptens, der Levante, Anatoliens und sogar des Indus umfaßte, in Bedeutung und Ansehen die Traditionen des alten Orients fort. Tatsächlich war Persien erheblich besser verwaltet und in der Friedenssicherung für einige Zeit auch erfolgreicher als alle seine Vorgänger.

Unter Dareios und Xerxes kam es in der Ägäis zu den »Meder-Kriegen«, und gegen Ende des 5. Jahrhunderts v. Chr. erhoben sich nun auch die Bewohner des Niltales erfolgreich gegen die Perser. Es sollte nicht mehr allzu lange dauern, bis Alexander anrücken und den Niedergang Persiens einleiten konnte.

39 Gräber in Pinara, Südwest-Anatolien.
Die »kleinen Lukka« waren Kontrahenten vieler Großreiche, auch die der Hethiter.
Schon von den Hethitern wurde das Seeräubervolk der Lukka (Lykier), die in einer bergigen, unzugänglichen und holzreichen Mittelmeer-Region Anatoliens lebten, besonders gefürchtet. Im Gegensatz zur hochentwickelten Kultur der Hethiter waren die Lukka ein verhältnismäßig »unzivilisiertes Volk«. Adlernesten gleich bauten sie Grabkammern, um darin ihre Verstorbenen sicher zu bestatten. Trotz der Steilheit der Felsen gelang es Räubern immer wieder, die Gräber zu plündern.

Alexander erschüttert den Orient

Die Eroberung der antiken Welt begann mit der Schlacht bei Issos, als Dareios 333 v. Chr. von Alexander dem Großen geschlagen wurde, und zwei Jahre später sollte das Reich der Achämeniden zerfallen. Alexander der Große, der Sohn König Philipp II. von Makedonien, entwickelte sich kometenhaft zu einem neuen Herrscher der Welt. Der bedeutendste griechische Philosoph, Aristoteles, erzog den Königssohn Alexander, der im jugendlichen Alter von 20 Jahren Griechenland unter seine Herrschaft brachte.

Seine geniale taktische Fähigkeit und die grenzenlose Kühnheit ermöglichten fast blitzartig die Feldzüge gegen Osten. Nach Issos (333 v. Chr.) und der Unterwerfung Ägyptens herrschte der makedonische Eroberer über das ganze östliche Mittelmeer, von Abu Simbel bis zum Scharzen Meer und von Syrien bis Anatolien. Obwohl Alexander der Große bereits das ausgedehnteste Gebiet besaß, das je einem griechischen Herrscher gehörte, beschloß er, noch weiter nach Osten vorzustoßen.

Dareios war bereit, ihm die ganze Westfront des Persischen Reiches zu überlassen, doch Alexander stürzte sich in ein maßloses, aber fabelhaftes Abenteuer, das nun das Schicksal der Welt veränderte. Sieben Jahre lang unterwarf er an der Spitze seiner griechisch-makedonischen Truppen und unter ständigem Einsatz seiner eigenen Person Länder, die selbst den Geographen der damaligen Zeit praktisch unbekannt waren.

Alexander griff »mit beiden Händen« nach dem Orient. 334 v. Chr. überschritt er mit seinen Truppen den Hellespont, 333 v. Chr. zerschlug er den »Gordischen Knoten«. Noch im selben Jahr siegte er – wie bereits erwähnt – bei Issos, und von nun an trug Alexander den Beinamen »der Große«. Babylon wurde 331 v. Chr. unterworfen. Nach der Schlacht bei Gaugamela, wo er den Titel »König Asiens« angenommen hatte, überquerte er die Zagros-Berge Kurdistans, brannte die dahinter liegende Stadt Persepolis nieder, um die Zerstörung der Akropolis von Athen während der Meder-Kriege zu rächen. Ekbatana und weitere ehemalige medische Gebiete wurden dabei eingenommen. Turkmenische Nomaden und Hirtenvölker in den Steppen Zentralasiens lagen nun als nächste Ziele am Wege der Unterwerfung. Gleich darauf wandte sich das Heer Alexanders nach Süden, gründete Alexandria am Aries (das heutige Herat), zog weiter nach Osten bis nach Alexandria am Arachotos (Kandahar), um dann letztendlich – nordwärts ziehend – das Hindukusch-Gebirge zu überqueren. In der heutigen Tadschikischen Sowjetrepublik, etwa 500 km vor der chinesischen Grenze, lag dann der äußerste Punkt griechischer Einflüsse.

Alexander überquerte erneut den über 7000 Meter hohen Hindukusch und gelangte über Baktrien nach Gandhara. Kaschmir und das Industal waren erreicht, wo er noch in Taxila – im heutigen Pakistan gelegen – die Unterstützung des dortigen Königs bekam. Gleich darauf errang er einen letzten und glänzenden Sieg über König Poros und seine Elefanten.

Alexander der Große wäre möglicherweise noch weitermarschiert, hätte nicht seine Armee rebelliert. Sie wollte ihrem Führer nicht mehr folgen, zu weit waren sie schon von ihren griechischen Stützpunkten entfernt. Die langwierige Rückkehr der siegreichen Streitkräfte, die sich in zwei Gruppen geteilt hatten – eine zu Land durch Belutschistan, die andere zur See über den Indischen Ozean und den Persischen Golf –, verursachte noch schwere Verluste.

Auf dem Höhepunkt seiner Macht beherrschte Alexander der Große ein noch nie dagewesenes Weltreich. Babylon wollte er nun zum Mittelpunkt seines Reiches machen, und die weiteren Ziele, Arabien und Nordafrika einzunehmen, konnten nicht mehr realisiert werden. Als Alexander im Jahre 323 v. Chr. als »größter Heerführer aller Zeiten« in Babylon einzog, erkrankte er, und wenige Tage darauf starb er im 32. Lebensjahr.

Noch zu Lebzeiten dieses makedonischen Führers hatte sich im Orient die abendländische Kultur für ein halbes Jahrtausend zu entwickeln begonnen. Das hellenistische Gepräge spiegelte sich von Babylon bis zum Indus wider. Alexanders Zug der Eroberung erstreckte sich über fast 3500 km von Dura Europos bis nach Taxila und von Kurdistan bis zum Himalaya, der gesamte Orient war eingenommen. Nur Kurdistan blieb zum großen Teil verschont.

Palmyra in der syrischen Wüste. Palmyra, einst trug die Oase den Namen Tadmor, erlebte wie die Nachbarstadt Hatra durch den Handel einen gewaltigen Aufstieg. Seit dem 2. Jahrtausend v. Chr. konnte sich der Karawanenstützpunkt Tadmor, wo sich später zwei der wichtigsten Handelsstraßen kreuzten, die »Seidenstraße« und die »Weihrauchstraße«, zu höchstem Prunk und größter Bedeutung entwickeln. Die »Völker vom Berg« versuchten vielfach, mit Razzien die Handelsstadt zu erschüttern.

Palmyra, ein letztes Zeugnis von Größe und Reichtum. Die Stadt kam zwischen den verfeindeten Römern und Persern mit ihrer Herrscherin »Zenobia« zu Ruhm und Reichtum. Durch den römischen Kaiser und Heerführer Aurelian wurde Palmyra 273 n. Chr. eingenommen und zur Plünderung freigegeben. Davon erholte sich die Karawanenstadt nie mehr. Auch der Handelsweg, vom Euphrat kommend, verlor seine Bedeutung. Die Seefahrt übernahm den Warentransport von Indien nach Europa.

Ebla – Syrien.
Eine hohe Kulturentwicklung im Alten Orient war sicherlich erst mit dem ertragreichen Regenfeldbau, gemeinsam mit der Viehzucht, möglich geworden. Nur so konnten schon 3000 Jahre v. Chr. Zentren für eine städtische Besiedlung geschaffen werden. Über das Handwerk und den Handel kam es zur Anhäufung von Reichtümern, was wiederum fremde Völker veranlaßte, im Kampf das Gebiet für sich zu gewinnen. Ebla, inmitten der nordsyrischen Ackerfluren gelegen, war somit besonders anziehend, und die »Völker vom Berg« waren auch hier nicht verlegen, gleich mehrmals im Jahr Raubzüge dorthin durchzuführen.

Dura Europos, die Stadt am Euphrat, an der Seidenstraße – Syrien.

Persien – Iran.
Der Iran, der Name stammt von den Ariern,
einem indogermanischen Nomadenvolk aus
Zentralasien, verwaltet nach der Türkei den
zweitgrößten Anteil des kurdischen Volkes.
Persien ist eine Bezeichnung der Griechen,
ausgehend von Persis oder Fars, der
südwestlichen Provinz, aus der die
Achämeniden kamen.
Die islamische Baukunst wurde zu einer Zeit
beeinflußt, als Bagdad die »Hauptstadt des
Islams« war und enge Kontakte zu Persien
hatte. Unter den Safawiden (1502–1736)
entstand eine reiche Architektur, und die
islamische Religion nahm auf alle Gebiete des
Lebens Einfluß.

»Es kommt nicht auf die Größe an,
sonst überholte der Esel den Hasen.«
Ovid

Kurdistan findet Platz in der Geschichte Asiens

Alexanders Feldzug, aber auch die nachkommenden großen Eroberer aus dem Alpenland berührten bei ihren Eroberungen Kurdistan kaum. Immerhin entwickelten sich die Kurden, nun schon als »Bergvölker« gefürchtet, bekannt und respektiert, zu einer »militärischen Stärke«. Ob sie als Feldherrn, Söldner oder »schnelle Verteidigungsgruppe« im Orient galten oder als heldenhafte, kriegerische Gebirgsvölker die geschichtliche Entwicklung mitgestalteten, nichts änderte sich an einer immer stärker werdenden Kulturgemeinschaft innerhalb des Kurdischen Volkes.

»Schahrijar, ich bin Kawe, der Schmied, und schreie nach Gerechtigkeit« – eine der bekanntesten Sagen der Kurden wurde durch den persischen Dichter Firdausi überliefert und wurzelt in dieser Zeit. Immer deutlicher kam es nun auch zu einer geographischen Zuordnung der Kurden. Das Gebiet um den höchsten Berg, den Ararat, und die südliche Region des Vansees, die heutige Provinz Hakkari in Türkisch-Kurdistan, wie auch die iranische Gegend um den Urmia-See wurden zum erweiterten Begriff für Kurdistan.

Historiker beschäftigten sich ab sofort mehr und mehr mit den Gebirgsbewohnern, eine Zeit, in der die »Zoroasters-Religion« von vielen Kurden angenommen wurde. Das bergige, oft über 4000 Meter hohe Dreiländereck Iran – Irak – Türkei mit den »Hakkari-Bergen« wurde als bodenständiges Kurdengebiet schriftlich überliefert.

Diese schöne Landschaft und den ungebrochenen Kampfwillen des kurdischen Volkes beschrieb anfangs der Grieche Xenophon und später auch der Römer Strabo. Die Aufzeichnungen beschäftigten sich aber mehrheitlich mit Kampf und Schlachten, mit Räuberei und Freiheitsdrang der dort lebenden Menschen. Zweitausend Jahre lang überlieferten die Historiker, wahrscheinlich durch Übernahme vorangegangener Aufzeichnungen, diesen kurdischen Begriff der »Lust nach Kampf und Freiheit«. Den Kurden blieb die Nachrede, ein kriegerisches, unbändiges, wildes Bergvolk zu sein, und ihr »wildes Kurdistan« wurde zuletzt wohl auch noch durch die Reiseerlebnisse von »Karl May« geprägt.

Wesentlich ältere, aber erst später schriftlich niedergelegte Aufzeichnungen über das Land der Kurden entnimmt man dem »Alten Testament« und dem »Jüdischen Talmud«. Demzufolge soll Abraham, der Vater Isaaks, mehrere Jahre lang im Lande »Quardu« (Kar-du) gelebt haben. Abraham, ein nomadisierender Scheich aus dem geschichtsträchtigen Ort Ur, zog nordwärts, um dann später in Kanaan seßhaft zu werden. Wissenschaftlich konnte die Verbindung »Quardu« mit dem Land der Kurden (Kar-du) aber nicht belegt werden.

Alexanders Erben teilen – Die Parther und Römer rücken nach

Der vorzeitige und überraschende Tod des 32jährigen Alexander in Babylon hinterließ 323 v. Chr. ein schutzloses Reich, das bald wieder zerbrach. Die Nachfolgerschaft, die Diadochen, bekämpfte sich heftig, um das in nur dreizehn Jahren angehäufte Erbe Alexanders zu erhalten. Nur das Gebiet der »Karduchen«, die Berge der Nomaden und Halbnomaden, blieb von militärischen Aktionen der Nachfolger Alexanders einigermaßen verschont.

»Nikator der Siegreiche«, Seleukos I., schon unter Alexander Statthalter von Medien und Babylon, bekam mit »Seleukiden« den größten Teil des ehemaligen Alexanderreiches. Damit entfaltete sich der orientalische Hellenismus in Seleukeia am Tigris, in einer Stadt, an der die beiden Flüsse Euphrat und Tigris einander am nächsten kamen und zudem durch einen Kanal verbunden wurden. Südlich von Bagdad dehnte sich die neue Stadt Seleukeia auf dem rechten Ufer des Tigris aus, während auf dem linken Ufer später Ktesiphon entstand, die künftige Hauptstadt der Parther und der Sassaniden.

Die Parther, ein ursprünglich skythisches Volk, das als gefürchtetes Reitervolk aus dem Bereich des Schwarzen und des Kaspischen Meeres stammte und im 7. und 6. Jahrhundert v. Chr. südwärts zog, dabei wiederum die Meder niederwarf, konnten sich nun aus dem ehemaligen Alexanderreich befreien. Gleichzeitig versuchten auch die Bewohner der »Karduchen-Berge«, die unter Alexander kaum zu Schaden gekommen waren, das neue Reich der Seleukiden anzugreifen.

Mit dem Eindringen verschiedener einzelner Stämme, die alle nur zum Ziel hatten, die Seleukiden zu stürzen, versuchten nun auch die Römer, von Westen her nachdrängend, etwa 60 v. Chr. über das Kurdengebiet in das Seleukidenreich einzufallen. Mit unzähligen Kämpfen, in denen auch Söldner, vermutlich Kurden, eingebunden waren, erreichte das Römische Reich um 115 n. Chr. im Orient die größte Ausdehnung, und die Städte Babylon, Seleukeia und Ktesiphon waren somit in römischer Hand.

Nemrud Dağı, Anatolien.
Grabstätte von König Antiochus I.,
ein Berg der Götter.
»Wer sie kennt, verehrt sie.«

Die Götter thronen in Kurdistan

Am oberen Euphrat entwickelte sich vor zweitausend Jahren, mit dem Niedergang des Alexanderreiches, das ganz außergewöhnliche griechisch-parthische Königreich Kommagene. Antiochus I., ein Sohn Mithradates, war als Kleinkönig zwischen dem parthischen Orient und dem römischen Okzident ein Machthaber ganz seltener Art. Die geographische Lage dieses kleinen Reiches in Kurdistan nützte Antiochus I. aus, um als Vermittler zwischen den Großreichen unabhängig zu bleiben.

Kommagene lag in einer von Griechen und Römern, Parthern und Sassaniden beanspruchten Grenzregion. Dieses Territorium war alle Zeit Gegenstand erbitterter Kämpfe zwischen den orientalischen und westlichen Völkern der Antike. Dennoch brachte es die zwitterhafte »iranisch-hellenistische« Kultur des Kommagene-Reiches fertig, bis zur Zeit um Christi Geburt unabhängig zu bleiben.

Die Herrscher verstanden es, diesen Pufferstaat zu halten und an einem Angelpunkt zwischen zwei Welten die eigene Kultur zu entwickeln. Auf dem Gipfel des Nemrud Daği, dem späteren Götterberg der Kommagene-Herrscher, spielten iranische Gottheiten, wie Mithras oder Ahura Mazda, neben den griechischen Göttern Zeus und Herakles schon bevor Antiochus I. König wurde, 69 bis 38 v. Chr., eine wichtige Rolle. Mit dem Feuerkult der Perser, wo durch das heilige Feuer die Reinheit und das Gute verbunden wurden, hatte man am Nemrud Daği die alte iranische, von Zarathustra gestiftete Religion zur Verschmelzung mit den griechischen Göttern gebracht.

In den Adern Antiochus I. floß das Blut der Abkömmlinge Alexanders des Großen und das des persischen Achämeniden-Herrschers Dareios. Er war auch überzeugt, den Göttern ebenbürtig zu sein und ließ sich noch zu Lebzeiten auf dem Gipfel des Nemrud Daği in 2100 Meter Höhe sein Grab errichten.

Wahrscheinlich verstarb Antiochus I. im Jahre 38 v. Chr. Sein Grab ist bis heute nicht gefunden, es gilt aber als sicher, daß der König im Inneren des künstlich über 50 Meter aufgestockten Gipfels begraben liegt. Ein Geröllkegel, einer Pyramide ähnlich und von Menschenhand geschaffen, sollte den Blicken als Anziehungspunkt dienen und das Grab des Herrschers bedecken und sichern. Der Nemrud Daği, die Heimat der Adler, ist somit ein letztes Rätsel der Geschichte geblieben. Keinem Grabräuber gelang es in der Vergangenheit, in das Innere des Kultberges vorzudringen, und viele Wissenschaftler sind sich heute einig, die letzte Ruhestätte dieses so grandiosen Königs von Kommagene vorerst einmal nicht öffnen zu wollen.

Die Erforschung von Kommagene begann 1838 durch Helmuth von Moltke, später durch Karl Humann, Puchstein und Sester. Erst nach dem Zweiten Weltkrieg gelang es dem deutschen Archäologen Friedrich Karl Dörner, den Götterberg in Kurdistan von seiner zweitausendjährigen Vergessenheit zu befreien. Unangetastet in über 2000 Meter Höhe über dem Euphrat und über die Zeit hinweg ruht und thront Antiochus weiter.

Rings um diese königliche Grabstätte, deren Kuppe wie eine Pyramide wirkt, wurden Kultterrassen angelegt. Eine nach Osten, der aufgehenden Sonne entgegen, die zweite nach Westen ausgerichtet. Diese beiden Terrassen wurden mit kolossalen, bis zu neun Meter hohen Skulpturen, Steinmännern und Göttern, geschmückt. Riesigen Figuren eines Löwen und eines Adlers stehen Götterstatuen der griechisch-persischen Gottheiten gegenüber. Sie zeigen König Antiochus selbst, aber auch seine Schutzgeister, Geier und Götter. Mehr als 2000 Jahre waren sie in der Lage, die griechisch-persische Grabkammer vor Eindringlingen zu schützen. Genausolang nagten aber Sonne, Wind und Frost an diesen Monumenten. Unzählige Erdbeben in der Region Kurdistans brachten selbst Zeus und Herakles zu Fall, Archäologen richteten jedoch die »heile Welt der Götter« wieder auf, und nun strömen, von zwei Seiten kommend, während der Saison täglich Hunderte Touristen zur und auf die Grabkammer. Die Unsterblichkeit der Götter und die Schutzfunktion der Statuen reichen nicht mehr aus, den Nemrud Daği »heilig« zu halten und nur den Adlern zu überlassen. Was der Natur 2000 Jahre lang widerstand, werden Touristen in wenigen Jahrzehnten zertrampeln – es sei denn, wir lassen die Götter wieder Götter sein.

Nemrud Daği, West-Terrasse – Kultplatz.
»Wie du siehst, habe ich die göttlichen Bildnisse des Zeus-Oromazdes, des Apollon-
Mithras-Helios-Hermes und des Artagnes-Herakles-Ares errichtet, sowie jenes
meiner Nährheimat Kommagene, und ich habe beschlossen, mein eigenes Bildnis
unter den Göttern thronend zu errichten...«
Inschrift von Antiochus I. an seine Besucher

Kopf des Königs Antiochus

»Das Glück hilft den Tapferen.« (Terenz)

Wer im Winter zu den Göttern will,
dem müssen sie erst ihre Gunst erweisen.
Bis zu sieben Meter hohe Schneewächten können noch
im Frühling die Zufahrt zum Götterberg unmöglich machen.

»Ein schönes Antlitz
ist eine stumme Empfehlung.«
Publius Syrus

»Wenn kein Gott vorübergegan[
warum schauderts mich an den[
Gilgamesch-Epos 5, III, 12

Morgenstimmung »b[
Nur wer die Nacht in über 2000[
Nemrud Daği bei Sturm, R[
Schnee verbringt, wird d[
der G[

Sassaniden und ihr Feuerheiligtum

Die Sassaniden als Nachfolger der Parther regierten über vierhundert Jahre lang, bevor auch ihr Reich durch innere Machtkämpfe und äußere Einflüsse Mitte des 7. Jahrhunderts zerfiel. Zuvor wurden sie die großen Gegenspieler von Rom und später von Byzanz. Ihre Kunst bildete den Abschluß einer Entwicklung, die über 1300 Jahre vorher mit den Medern und Achämeniden begonnen hatte. Der wichtigste Kultbau während dieser Zeit war das Feuerheiligtum, das innerhalb der persischen Religion des Zoroastrismus – zurückgehend auf den persischen Religionsstifter Zarathustra, der wahrscheinlich um 600 v. Chr. lebte – errichtet wurde. Anfänglich wurden die Kulthandlungen, in deren Mittelpunkt die Verehrung des Feuers stand, unter freiem Himmel zelebriert. In den irakisch-kurdischen Hochtälern ist heute noch unter den Kurden diese Glaubensgemeinschaft anzutreffen. Einer zweitausendjährigen Geschichte und Tradition dieser Religion folgen immer noch mehrere hunderttausend Kurden, die Jezidis. Ihre Religion wurde gelegentlich als Sekte von Teufelsanbetern mißverstanden. Als heiligen Ort verehren die Jezidis im irakischen Kurdengebiet das Grab von Scheik Adi in der Nähe von Ain Sifni (Nordirak). Als religiöse Minderheit wurden die Jezidis im 19. Jahrhundert von den Moslems aber immer wieder verfolgt. Etwa 70 Prozent der kurdischen Moslems bekennen sich heute zur sunnitischen Glaubensrichtung, allerdings galten sie nie als Religionsfanatiker und schon gar nicht als Fundamentalisten. Die Kurden wehrten sich überhaupt lange und zäh gegen die islamische Zwangsbekehrung.

»Allāhu akbar«: Die Islamisierung in Kurdistan

»Allāhu akbar, aschhadu an lā ilāha illā Allāh...« – »Gott ist groß – es gibt keinen Gott außer dem einen Gott...«

Islam bedeutet »Unterwerfung«. Das Wort ist mit salam verwandt, und das heißt Frieden. »As-salāmu alaikum« – »Friede sei mit euch« ist die bekannteste Grußformel unter Muslimen.

Der Islam, die den Kurden schon in den dreißiger Jahren des 7. Jahrhunderts meist mit Waffengewalt aufgezwungene Religion, wurzelt, wie alle Weltreligionen, auch in der Wüste. Moses verkündete seine zehn Gebote von den Wüstenbergen des Sinai herab. Zarathustra ging in die Abgeschiedenheit der persischen Wüste Lud, bevor er seine Religion lehrte. Buddha meditierte einsam und verlassen, ehe er anfing, lehrend durch die Flußlandschaft am Ganges nach Benares zu ziehen. Christus ging für 40 Tage in die Wüste bei Jericho, bevor er als Erlöser auftrat. Auch Mohammed verbrachte Wochen auf dem Wüstenplateau des Berges Hira, um sich für die Jahre seiner Verkündigung vorzubereiten.

570 Jahre nach Christi Geburt, 1000 Jahre nach Buddha wurde in Arabien dem Stamm der Qurdisch, auf deren Gebiet auch Mekka mit der Kaaba lag, ein Sohn geboren: Mohammed.

Er wuchs als Waise auf und wurde Kaufmann. Mekka lag an der berühmten »Weihrauch-Karawanenstraße« vom Südjemen zum Mittelmeer. Mit 25 Jahren heiratete Mohammed eine ältere Kaufmannswitwe. Erst mit vierzig Jahren empfing er seine religiösen Offenbarungen. Er war überzeugt, die reine, unverfälschte Urreligion zu verkünden, den Islam, die Hingabe an Gottes Wille. Die Obrigkeit lehnte ihn jedoch ab, so daß der Prophet mit seinen Anhängern im Jahre 622 nach Medina, der »Stadt des Propheten«, fliehen mußte. Diese Flucht – »Hedschra«, Loslösung – stand am Beginn der islamischen Zeitrechnung. Zehn Jahre später starb Mohammed, und bald nach seinem Tode war ganz Arabien islamisiert.

Die Nachfolge in der politisch-religiösen Führung traten die Kalifen an. Unaufhaltsam eroberten sie 635 Syrien, gleich darauf, 641, Persien und Ägypten für den Islam. Sie fielen im Iran ein und drangen 707 n. Chr. nach Indien vor. Die islamische Religionsausbreitung erreichte Europa (Spanien) einige Jahre danach.

Zwanzig Jahre nach dem Tod des Propheten Mohammed wurden die Offenbarungstexte in Abschnitte, »Suren«, gegliedert und der Länge nach geordnet. Mohammed war Analphabet und ließ sich seinerzeit die Offenbarung aufschreiben. Die ersten wenigen Zeilen sind der historische Beginn des Korans. Das Wort »Qur'an« ist vom arabischen »garā a« abgeleitet, das »lesen« oder auch »rezitieren« bedeutet. So entstand der Koran, eine Sammlung von 114 Suren.

Innerhalb eines Jahrhunderts hatte der Islam diese ungeheure Ausdehnung gewonnen und die Kurden wie auch andere Völker und Kulturen unterworfen. Bald entwickelten sich verschiedene religiöse Sonderrichtungen. In Damaskus regierte von 661 bis 750 das Kalifat der Omajjaden, in Bagdad von 750 bis 1258 das Kalifat der Abbasiden. Um 900 entstanden erste schiitische Sekten, und zu dieser Zeit drängten bereits türkische Nomaden – aus Zentralasien kommend – nach Westen vor. Seldschuken beherrschten dann von 1038 bis 1194 den Iran und seit 1195 auch Anatolien. Mit dem Beginn des 14. Jahrhunderts traten die islamischen Osmanen ihren Siegeszug an. Das christliche Konstantinopel wurde 1453 erobert, und 1517 fiel Ägypten. Später erfolgte die Ausdehnung über den Balkan nach Ungarn, bis vor die Tore Wiens. Inzwischen hatten sich Mongolenstämme aus Zentralasien in Indien und in Persien festgesetzt, und die islamische Kultur erlebte in allen Gebieten eine bedeutende Blüte.

»Gihad«: Der Krieg gegen die »Ungläubigen«

Der Aufruf der Muslime zum »Gihad«, dem heiligen Krieg gegen alle Ungläubigen, wurzelt zwar in jenen Tagen, als die Religion mit großen Schritten verbreitet wurde, aber auch in jüngster Zeit, während des ersten Golfkrieges von Ayatollah Khomeini und im zweiten Golfkrieg von Sadam Hussein, sind Parolen dieser Art, eben Aufrufe zum Krieg gegen Ungläubige, nicht verstummt. In Wirklichkeit waren dies immer schon Begründungen für militärische Aktionen. Wie zu allen Zeiten versuchten muslimische Führer, innere Schwierigkeiten durch außenpolitische Erfolge und die Aussicht auf reiche Beute mit dem Aufruf zum »Gihad« zu kompensieren. Es wurden im Namen der Religion Kriege geführt, hinter denen ganz eindeutig materielle und machtpolitische Interessen standen.

Auch kurdisches Blut floß – wie so oft in der Geschichte – für fremde Interessen. Meist blieb aber den Kurden auch keine andere Möglichkeit. Ihre Uneinigkeit und falschen Allianzen machten es schon den Omajjaden und später den Abbasiden leicht, ganze Kurdenstämme auszurotten.

Der Prophet Mohammed hatte, wie so viele Führungskräfte des Vorderen Orients, vergessen, seine Nachfolge klar zu regeln. Von seinen Kindern hatte ihn nur eine Tochter überlebt: Fatima. Sie nahm Ali, einen der ersten Getreuen Mohammeds, zum Mann.

Die goldenen Jahre der islamischen Epoche, von denen Muslime noch heute schwärmen, waren die Zeiten der ersten vier Kalifen: Abu Bakr, Omar, Osman und Ali. Sie alle waren fromme, rechtschaffene Muslime, und trotzdem mußten sie »abdanken«. Omar wurde ermordet, ebenso Osman, und auch Ali kam gewaltsam um. Alle vier dieser ersten Kalifen regierten zusammen nur 30 Jahre.

Schon nach Alis Tod begann der große Streit, der noch in unsere Zeit hineinwirkt. Die einen nennen sich seither »Schiat Ali«, die Partei Alis, und ihr Recht wurde auf die direkten Nachkommen Alis ausgerichtet. Die anderen Muslime bezeichnen sich seit dem 9. Jahrhundert als »Sunniten«, weil sie der »Sunna«, den Worten und Taten des Propheten, folgen.

1990–1991: Krieg gegen Kuwait – Brüder.
Krieg gegen den »Westen« – Ungläubige.
Krieg gegen Kurden – Nachbarn im eigenen Land.
»Al hamdu lillah« – Gott sei gelobt?

»Bismillah al raham al rahim.«
»Im Namen Gottes,
des Gnädigen, des Barmherzigen.«
Anfang der Koran-Suren

Yüksekova, Dreiländereck Türkei – Iran – Irak.
Ebene vor den Buzul-Bergen mit dem 4135 Meter hohen
Uludoruk im Hintergrund. Zum Trocknen und für den »Sonnenbrand«
ausgerichtete Lehmziegel schlagen wieder Wurzeln.

Dem Spiel des Lichtes
auf dem welligen Grund
der anatolischen Landschaft
folgen unzählige Stimmungen

Klatschmohn – Papaver rhoeas.
Der Vordere Orient gehört zu den ältesten Mohn-Anbaugebieten der Erde. Die Sumerer und Assyrer kannten bereits die Wirkung des Mohnsaftes, des Rohopiums. Später verbreitete sich das aus den Mohnkapseln gewonnene Rauschmittel über alle orientalischen Länder, wobei die islamische Religion wohl den Genuß von Wein untersagt, aber dem Milchsaft der Mohnblume nicht abschwört.

Der »Fruchtbare Halbmond« wurde zum »Goldener Halbmond«, und mit den blühenden Feldern blüh auch der Rauschgifthandel zwischen Orient und Okzident. Nur für wenige Tage entfaltet sich die Blüte. Trotz warnender Farbe können Insekten die Pracht nicht widerstehen

Gilgamesch tat seinen Mund zum Reden auf
und sprach zur fürstlichen Ischtar:
»Was muß ich dir geben,
wenn ich dich nehme?«
Auszug aus dem Gilgamesch-Epos, 6. Tafel

»Brauchst du Salbe für den Leib,
oder brauchst du Gewänder?«
Kurdischer Frühling.

Anatolien.
Kleinasien ist ein Glied im großen
mediterranen Kettengebirgssystem.
Hohe Randgebirge umschließen die inneren
Hochflächen.

Im Hochland Anatoliens kann die Art der Niederschläge zur
selben Jahreszeit recht unterschiedlich sein. Während in
Zentralanatolien der Winter noch standhaft ist, kann im Südosten
die Tagestemperatur schon mitteleuropäische Werte annehmen.
Kavuššahap Dağlari am Vansee.

Wenn in Kurdistan die ersten Gewitter aufziehen,
ist der Frühling im Anmarsch.
Der Blick vom Atatürk-Stausee nach Nordost-
anatolien, Südost-Türkei.

Bursa – Zentrum der Geistlichkeit

Bursa wurde 1326 die erste osmanische Hauptstadt in der Türkei. Die Vielkuppelmoschee in der Art einer Hofmoschee wurde 1379 von Murat I. und dem nachfolgenden Mehmet I. erbaut. Die Moschee, »Masgid«, ist »der Ort, wo man sich niederwirft«. Der Moslem kann zwar überall beten, doch wurde stets dem gemeinsamen Freitagsgebet besondere Aufmerksamkeit gewidmet (Freitagsmoschee – »Masgid-i Gami«). Moscheen konnten mehreren Aufgaben dienen, der religiösen Unterweisung, aber auch der Rechtsprechung. Als Unterkunft und Zufluchtsort für Pilger und Verfolgte durfte sie ebenfalls genutzt werden. Mit der Omajjaden-Dynastie aus Damaskus (661–750 n. Chr.) kamen die Araber auch mit der byzantinischen Kultur in Kontakt. Die Basilika war ein architektonisches Vorbild, das sich für die islamischen Bedürfnisse bestens adaptieren ließ. Um mehr Raum für die Gebetsversammlung an jedem Freitag zu gewinnen, wurde das längsgerichtete Schema einer Basilika nach den beiden Seiten hin erweitert, so daß es dem quadratischen Prinzip sehr nahe kam. Durch diese Bauform entstand der Eindruck eines »Säulenwaldes«. Aus Zentralasien stammt der Moscheetyp mit zentralem Hof und einem Iwan an jeder Seite.

Die Malerei erlebte im islamischen Bereich keine Blüte, nur die dekorativen Künste führten zu einer außerordentlichen Entfaltung. Als Dekorationskunst zählt dabei auch die ornamentale Verwendung der Schrift. Sie bekam durch das strenge Bildverbot im islamisch-religiösen Bereich große Bedeutung. Die Moschee von Bursa besitzt einen fast quadratischen Gebetssaal von 100 Metern Länge. Zwölf mit Schriftzeichen verzierte Pfeiler sind durch spitzbogige Arkaden verbunden, und 20 Kuppeln geben ihr den Namen: Vielkuppelmoschee.

Bursa, Ulu Cami.

»Kreuzzüge«: Kriege gegen »Ungläubige«

Etwa 500 Jahre nachdem Mohammed in Medina die islamische Gesellschaft zum »Gihad«, zum heiligen Krieg, aufgerufen hatte und Hunderttausende Glaubensanhänger mit dem Schwert gegen Ungläubige marschierten, beschwor im Jahre 1095 Papst Urban II. seine Glaubenstreuen ebenfalls zum heiligen Krieg gegen Ungläubige. Bewaffnet mit Schwert und Bibel marschierten Christen auf insgesamt sieben Kreuzzügen im Namen ihres Herrn und Gottes in das »Heilige Land«. Wie konnte es bei einer christlichen, auf Nächstenliebe ausgerichteten Glaubens- und Lebensweise dazu kommen?

In einer Zeit, in der Europa verarmte, Kolonien aufgegeben werden mußten und Byzanz seinen Einfluß auf Kleinasien schwinden sah, sorgte letztendlich der Fatimide el-Hakim mit der Eroberung Jerusalems im Jahre 1009 für erste Aufregungen. Das Christentum empörte sich zunehmend über diese Zustände und rief 1095 den Papst um Hilfe. Auf dem Konzil von Clermont schilderte ein Eremit, der Pilger Peter von Amiens, die unhaltbaren Zustände in Jerusalem. Papst Urban II. mobilisierte gleich darauf mit dem Aufruf: »Wenn ihr im Orient siegt, werden die Königreiche Asiens eure Beute sein – und was immer geschieht, Gott will es so!«

Der Papst erteilte jedem Kriegsteilnehmer an einem Kreuzzug schon im voraus die Absolution von allen kommenden Sünden. Den Untaten der Christen waren somit keine Grenzen mehr gesetzt: »Wer ein Haus betritt, dem gehört es« – unter diesem Motto wurden allein in Jerusalem über 60.000 Menschen (Zivilisten) »abgeschlachtet«.

Der erste Kreuzzug unter Gottfried von Bouillon (1096–1099) war somit erfolgreich und blutig. Der zweite Kreuzzug der Christen gegen die Ungläubigen (1147–1149) brachte schon nicht mehr diesen Erfolg. Auch die folgenden Kreuzzüge ermöglichten dem Abendland keine Erfolge mehr. Nur die Venezianer, Pisaner und Genuesen als Flottenbetreiber wurden dabei reich, und die abendländische Kultur und Architektur erhielt aus dem Morgenland eine Inspiration. Aber das Leid, welches die Christen im Orient hinterließen, war wohl unbeschreiblich und durch nichts zu rechtfertigen.

Salah ad-Din, ein Kurde wird berühmt

In dieser unrühmlichen Zeit der christlichen Orient-Epoche entwickelte sich ein Kurde zum Befreier Jerusalems: Salah ad-Din Yusuf ibn Ayyb (1137–1193), genannt Saladin, der Sultan von Ägypten und Syrien. Er war auch der Begründer der Ayyubiden-Dynastie und der Sohn des Kurden Ejub. Als kurdischer Führer eines arabischen Heeres siegte er im Jahr 1187 am See Genezareth gegen 60.000 christliche Invasoren und zog wenig später in Jerusalem ein. Sein kurdischer Großmut ermöglichte den Christen wieder den Zugang zu ihren heiligen Stätten. Seine Toleranz während der Palästina-Herrschaft sicherte immerhin eine Zeitlang den Frieden in der Region. Die Kurden waren seither nie mehr so eigenständig und unabhängig wie zur Zeit der Ayyubiden-Herrschaft: einer Seldschuken-Herrschaft unter der kurdischen Führung Saladins.

Großer und kleiner Ararat – Büyük und küčük Ağri Daği. In den Sommermonaten Juli – August steigt die Schneegrenze am Ararat auf über 3000 Meter an. Am Fuße des biblischen Berges erreicht während dieser Zeit die Schattentemperatur oft mehr als 40° Celsius. Trotzdem sind es die »sechs Wochen der Blüte«.

Mittagsblumen. Diese einjährigen, sukkulenten Pflanzen bilden die Ausgangsform vieler Hybriden und bedecken mit ihrem Blütenteppich schattenlose, magere Erdflecken. Die Blüten sind in vielen Farbvariationen anzutreffen, vorwiegend aber in Rosa oder Lila mit einem weißlichen Farbkranz am Fuße des Blütenblätterkranzes. Diese Art ist in Kurdistan wildwachsend und stark verbreitet.

Kurdische Frauen.
Die Stellung der Frau in Familie und Gesellschaft ist trotz der islamischen Religion gänzlich anders als bei den arabischen Nachbarn. Kurdinnen müssen sich nicht verschleiern, sie werden von den Männern in keinster Weise diskriminiert.

Kurden-Frauen werden als Familien-Oberhaupt genauso anerkannt wie sie auch als Stammesführerinnen auftreten können. Eine Mehrfach-Ehe ist nicht üblich, obwohl es die Religion grundsätzlich erlaubt. Die Großfamilie mit zahlreichen Kindern ersetzt noch immer weitgehend die Sozialversicherung.

Ostanatolien – Türkisch-Kurdistan.
Der Winter beginnt sich durchzusetzen. Im Jänner kommt es nach mehreren
Kältewellen zu starken Schneefällen. Die türkische Kurdenregion zwischen dem
Vansee und Hakkari kann dabei eine meterhohe Schneedecke erhalten. Längst
sind die Schafherden um die Dörfer versammelt, und die Yaylas bleiben für
Monate unerreichbar.

Kurdistans Winter sind streng, aber nicht alle Gebiete liegen unter einer meterhohen Schneedecke. Die winterlichen Nacht-Temperaturen sinken oft unter minus 30° Celsius ab, und die »Wächter« der Dörfer, die Hunde, tragen eisenbespickte Halsbänder, um sich vor einfallenden Wölfen zu schützen.

Meine Liebe zu den Dünen erhält auch in Kurdistan Nahrung:
Minus 30° Celsius!
Kurdistans Hochland liegt nun für die Dauer von mehreren
Monaten unter einer dicken Schneedecke. Der kälteste Landesteil
ist jener in Nordost-Anatolien, wo wochenlang Temperaturen
unter Minus 30° Celsius keine Seltenheit sind.

Langanhaltende Frosttage schaden im allgemeinen
den inneranatolischen Kulturpflanzen nicht. Die
höchsten Niederschlagswerte erreichen die Luv-
Seiten der Hakkari-Berge. Sie sind die höchsten
Massive des Ost-Taurus, gleichzeitig auch die
Grenzberge zum Irak und Iran

Mit den Reitern kam eine neue Herrschaft: Die Türken

Das Reitervolk aus dem Inneren Asiens, die gefürchteten Krieger der Seldschuken, hat vier Augen: »ein Augenpaar im Gesicht und ein weiteres am Hinterkopf«. So beschrieb der aus Basrah am Schatt el-Arab stammende Philosoph al Dschahiz die streitbaren Vorgänger der Osmanen. Diese Nomaden schlugen im Jahr 1071 in der Schlacht bei Malazgirt das byzantinische Heer, und somit begann die türkische Herrschaft über Anatolien.

Jenes Reitervolk, nach ihrem Führer Seldschuk benannt, war noch um die Jahrtausendwende ein unbedeutender turkmenischer Stamm, der nomadisierend die Steppen um den Aralsee und am Kaspischen Meer bevölkerte. In einer gefürchteten Raubsucht, der sich auch andere Stämme anschlossen, drangen sie bereits vier Jahrhunderte vor dem Osmanischen Reich in Kurdistan ein. Es dauerte nur noch wenige Jahrzehnte, da beherrschten die Seldschuken den größten Teil des alten islamischen Staatengebildes. Die Kurden vermochten in dieser Zeit ihre Eigenständigkeit zu verteidigen, ihre Macht und Unabhängigkeit konnten sie sogar ausbauen. Obwohl dieses Reitervolk von der Idee des »heiligen Krieges« ergriffen war und sich im Schicksalsglauben, »Kismet«, mit ganzer Todesverachtung auf alles warf, was sich ihnen entgegenstellte, stiegen die Kurden für eine längere Zeit zu Führern der islamischen Welt auf.

Mongolen und Osmanen verändern das Kurdenland

Das 13. und auch 14. Jahrhundert wurde eine finstere Zeit im Vorderen Orient, gezeichnet von den mordenden und plündernden Mongolen-Einfällen. Mit der Vernichtung des Abbasiden-Kalifates und der gleichzeitigen Zerstörung von Bagdad sind die Söhne und Enkel des legendären Dschingis-Chan über Kurdistan gestürmt. Die türkisch-kurdische Südostregion Hakkari fiel mit vielen anderen Kurdengebieten dem Schwert der Mongolen zum Opfer. Bevor die nächsten großen Heerscharen mit Timur Lenk, »der Lahme«, im Jahre 1336 von Osten her eine neue Invasionswelle gegen Kurdistan führten, versuchten noch die Mameluken die kurdischen Bauern auszubeuten und eine uneingeschränkte Herrschaft nicht nur über Kurdistan zu erreichen, sondern auch weit über Syrien hinweg ihre Macht zu demonstrieren.

Macht, Krieg, Unterwerfung – aus diesem Kreis der Tragödien kam Kurdistan nun nicht mehr heraus. Mehr noch als je zuvor entzweiten sich zudem die kurdischen Stämme. Einer annähernden Unabhängigkeit folgte wieder eine Knechtung. Für Hunderte Jahre wurde das kurdische Siedlungsgebiet, das Land der Kurden, abermals zum Kriegsschauplatz.

Die Osmanen, ein kleiner Türkenstamm, zuerst eine Grenzschutztruppe, entwickelten sich unter ihrem Führer Osman im 14. Jahrhundert schon zu einem kleinen »Osmanischen Reich«. Nur zweihundert Jahre benötigten sie, um daraus eine Weltmacht aufzubauen. Kurdistan beherrschten sie seit der Schlacht am Urmia-See bei Tschaldiran, als die Osmanen im Jahr 1514 gegen den Schah Ismail von Persien kämpften. Die Kurden waren dabei von den Osmanen bereits in die Kämpfe eingebunden worden. Immerhin konnte die strategisch wichtige Gebirgsregion Kurdistans dabei als Bollwerk von den Osmanen gut genützt werden. Mit dieser »Tschaldiran-Schlacht« verlor Persien das Gebiet westlich des Zagros-Gebirges. Die neue Grenze zwischen den Osmanen und den Persern verlief letztendlich mitten durch das Siedlungsgebiet der Kurden, womit bereits eine Aufteilung erfolgte.

Diese Kämpfe bekamen aber auch zusehends weitere Dimensionen. Je nach sunnitischer oder schiitischer Glaubensrichtung kämpften Kurden nun teilweise auch schon gegeneinander. Ob sie mit oder gegen Osmanen und Perser in Konfrontation standen, änderte nichts an der Tatsache, daß die Kurden meist als Opfer dastanden.

Sultan Selim, »der Grausame«, zersplitterte und zerteilte nun mehr und mehr die kurdische Region, indem er »unabhängige« kurdische Fürstentümer schaffte und nebenbei strategische Schlüsselgebiete den Kurden abnahm. Eine Taktik, die von den osmanischen Erben weiter praktiziert wurde. Auch gegenwärtig gilt die hohe militärische Präsenz in Türkisch-Kurdistan wohl dem Zweck, die Kurden zu beherrschen und weniger dem Auftrag, Nachbarstaaten am Eindringen in die Türkei zu hindern.

Eine gewisse Unabhängigkeit einiger kurdischer Fürstentümer konnte sich nach der ersten Schlacht der Osmanen gegen die Perser 1514 gebietsweise entwickeln. So gelang es einem Fürst, die Region südlich des Vansees wieder in Besitz zu nehmen. Auch am Urmia-See konnten Kurden, von den Osmanen geduldet, kleine Reiche aufbauen. Unruhen und innere Machtkämpfe der Kurden verstummten aber auch in dieser Zeit nicht, genausowenig legte sich der Streit und Kampf zwischen Schiiten und Sunniten.

Ein weiterer osmanisch-persischer Krieg unter Sultan Murad IV. und Schah Abbas, bei dem die Perser wiederum kapitulierten, brachte 1639 ein Abkommen zwischen den Kriegsgegnern zustande, worin auch klar die Grenzziehung zwischen Persien und dem osmanischen Reich unterzeichnet wurde. Diese neuerliche Grenzfestlegung wurde historisch – sie hat heute noch Gültigkeit. Für Kurdistan sollte das Abkommen ebenfalls einschneidend werden, denn von nun an war das Land der Kurden faktisch zweigeteilt. Einerseits Persisch- und andererseits Osmanisch-Türkisch-Kurdistan.

Die Osmanen benötigten ab sofort die Kurden nicht mehr, denn die Kriege gegen Persien waren geschlagen, und man begann, das Bergvolk immer stärker zu unterdrücken, ihnen Rechte zu nehmen, Steuern zu kassieren und andere Maßnahmen verschärft einzusetzen. Einen Aufschwung erlebte das Osmanische Reich trotz allem nicht mehr, denn es zeigte erste Anzeichen eines Niederganges. Auch die »Türken-Schlacht« vor Wien 1683 ging verloren, und finanziell war es um die türkische Staatskasse schon sehr schlecht bestellt. Aus den Regionen der kurdischen Fürsten und Adeligen entwickelten sich zunehmend Aufstände und Revolten innerhalb der Kurden.

Europas Interesse an Kurdistan – erneute Aufteilung

Mit dem 19. Jahrhundert brach im Orient eine ganze Reihe von Aufständen aus, und die Großmächte jener Zeit, Frankreich, England und Rußland, kümmerten sich auf einmal auch um Einflüsse in Kurdistan. Die Religion der Europäer war ihnen da anfangs gerade richtig, um eine Einmischungsmöglichkeit zu finden. Frankreich griff den orientalischen Katholiken unter die Arme, um sie gegen die Türken aufzuhetzen. Rußland half vorerst den christlichen Armeniern. Die Engländer waren daran interessiert, am Status der Türken erst einmal nichts zu ändern, da sie ja selbt im Nahen Osten schon gute wirtschaftliche Positionen besaßen. England, Frankreich und Rußland, mit den Unterhändlern Sykes und Picot, begannen 1916, das am Boden liegende osmanische Imperium in einer Geheimmission aufzuteilen. Ihre eigenen Interessen standen dabei natürlich im Vordergrund: das Zwischenstromland vom Irak bis nach Jordanien und Palästina sowie die nördliche arabische Halbinsel sollte den Briten (Engländern) unterstellt werden. Frankreich erhielt für die Zustimmung an dieser Verteilung Syrien, den Libanon und das nordmesopotamische Kurdengebiet um Mosul. Rußland war an Armenien und am nördlichsten Kurdistan interessiert. In einem Vorvertrag wurden alle Zusagen gesichert.

Daß es bei dieser Verteilung um die Aufteilung eines Volkes ging, störte weder die betreibenden Regierungen und schon gar nicht die Unterhändler Sykes und Picot. Rußlands innere Probleme (Oktober-Revolution) veranlaßten aber ein Jahr nach dem Sykes-Picot-Abkommen einen Rückzug aus dem Vertrag. Sofort wurde von einer weiteren Großmacht eine Mitbestimmung gefordert: Amerika wurde eingebunden.

Abermals wurde das Gebiet umverteilt, hatte sich doch in der Zwischenzeit im Land der Kurden, in Nordmesopotamien, eine ganz andere Wertigkeit der Region ergeben. Am Oberlauf des Tigris, in der Nähe von Mosul, hatte man inzwischen Erdöl entdeckt. Da es eine englische Probebohrung war, rückten die Engländer sofort militärisch in die Region vor. Was zuvor den Franzosen versprochen war, nahmen sich nun die Engländer. Ein neuer Vertrag wurde konstruiert, Frankreich erhielt nicht nur finanzielle Abgeltung dafür, sondern gleich mehrere Anteile und Beteiligungen an Ölkonzessionen. Die Gebiets- und somit Reichtumsverteilung im Vorderen Orient hatte voll eingesetzt.

Das Mosulgebiet gehörte nun den Engländern. Die Kurden, denen der gefundene Rohstoff eigentlich gehörte, gingen dabei leer aus. Auch Amerika sollte anfangs vom Öl noch nichts abbekommen. Präsident Wilson wußte sich aber durchzusetzen und hatte es mit »großen Sprüchen« für die Minderheiten in der Region (»...den Kurden die Rechte« usw.) geschafft, am Öl-Kuchen mitschneiden zu dürfen. Vertraglich geändert bzw. ergänzt und somit rechtlich in bester Ordnung wurde am 5. Juni 1926 in Mosul Kurdistans Erdöl England, Frankreich und nachträglich auch den Vereinigten Staaten von Amerika übertragen.

Die Türkei – inzwischen kapitulierte das Osmanische Reich nach der Niederlage im Ersten Weltkrieg mit dem Waffenstillstand vom 30. Oktober 1918 – bekam nun auch noch durch eine weitere modifizierte Vertragsänderung geringe Erdölanteile aus Mosul. Mehr als 70 Jahre danach spekuliert die Türkei immer noch, wenn auch sehr gemäßigt, um das Mosulgebiet.

Zu einer größeren Revolte oder gar zu einem Aufstand der Kurden kam es in dieser Periode der Aufteilung Kurdistans nicht. Zu sehr waren sich die Kurdenführer uneinig, denn die Streitereien der einzelnen Stämme verbrauchten ihre gesamte Energie. Zu einem freien Kurdistan führte es auch nicht, wohl aber zu einem neuen Friedensvertrag. Unter Einbeziehung einer kurdischen Delegation kam es 1920 zum Vertrag von Sèvres und 1923 zum Abkommen von Lausanne. Nationale Rechte der Kurden und wieder die Kriegsbeute des »Osmanischen Reiches« waren Verhandlungspunkte der Siegermächte mit den Türken. Was dabei den Kurden schriftlich zugestanden wurde, wie Unabhängigkeit, Freiheit, Rechte usw., ist wie so vieles zuvor wieder nicht eingehalten worden. Wenn auch die Türken anfangs dem Vertrag von Sèvres zustimmten, so hatte dieses Dokument für den nachrückenden Mustafa Kemal, dem späteren Begründer der modernen neuen Türkei, keine Bedeutung mehr.

Kurdistan war und blieb seither viergeteilt. Unzählige blutigste Aufstände der Kurden zeichneten nun die Geschichte der nächsten 70 Jahre. 1991 ist die Aussicht auf ein freies, unabhängiges Kurdistan wieder weit in die Ferne gerückt. Auf fünf Staaten verteilt leben heute über 20 Millionen Menschen mit kurdischer Abstammung und einer eigenen Sprache. Fünf verschiedene Flaggen wehen über ihren Siedlungsgebieten, und die Kurden sind somit das größte Volk im Vorderen Orient ohne eigenen Staat.

Kurdistan im Zeitablauf der letzten 1000 Jahre

10. Jahrhundert: Kurdische Fürstentümer, Chaddadiden und Hassanwahiden setzten sich in Kurdistan durch. Diyarbakir wurde Hauptstadt der Merwaniden.

12. Jahrhundert: Ayyubiden mit Saladin, dem berühmten Kurden, regierten den islamischen »Mittleren Orient«, eine Zeit der kurdischen Hochblüte im Orient.

14., 15. Jahrhundert: ein kulturelles Hofleben entwickelte sich an den »fürstlichen Höfen« von Hakkari und Bitlis.

16. Jahrhundert: Kurden verbündeten sich erstmals mit den Osmanen. Mit dem osmanischen Führer »Selim dem Grausamen« besiegten die Kurden gemeinsam den Schah von Persien. Erste Zugeständnisse der Osmanen an die Kurden (»kleine Autonomie«) erfolgten. Die kurdischen Gedichte »Pracht der kurdischen Nation«, ein Buch des Fürsten von Bitlis, Chéref Khan, erschien 1596. Hundert Jahre danach gelang dem kurdischen Dichter Ehmede Khani mit dem literarischen Meisterwerk »Mem-o-zin« ein nationales Heldengedicht.

19. Jahrhundert: Alle Abmachungen und zuvor getroffenen Vereinbarungen zwischen den Osmanen und Kurden, wie Gebietsansprüche der kurdischen Fürstentümer, wurden bedroht und widerrufen. Unzählige Kurdenaufstände, allesamt jedoch unkoordiniert, änderten nichts mehr an der Teilung Kurdistans. Ganz im Gegenteil, die nicht vorhandene »gemeinsame Linie« der einzelnen Kurden-Fürsten ermöglichte es den Osmanen, leicht das gesamte kurdische Territorium wieder für sich zu beanspruchen.

Ab 1908 wurden kurdische Aktionen, aber auch kurdische Publikationen, verboten. Ein Jahrzehnt später begann im Vorderen Orient die große Landverteilung. Siegermächte und andere waren bestrebt, mit größtmöglichen Anteilen auch Kurdistan zu zerteilen. Ein diesbezüglicher Vertrag, im Frühling 1920 in San Remo abgeschlossen, erhielt im Herbst des gleichen Jahres mit dem »Sèvres-Vertrag« zwar noch eine Empfehlung, ein Kurdistan für die Kurden zu schaffen, drei Jahre nach der Sèvres-Unterzeichnung jedoch widerrief die jungtürkische Regierung unter Mustafa Kemal diesen Vertrag, und es galt eine neue Abmachung: der Vertrag von Lausanne. Die Türkei bekam damit den größten Anteil der kurdischen Gebiete. Alle kurdischen Aktivitäten wurden verboten, auch ihre Schulen geschlossen, und aus den Kurden wurden die in der Türkei so genannten »Bergtürken«.

Die Zeit der Kurdenaufstände war inzwischen eingeleitet worden. In der Ararat-Region formierten sich große kurdische Widerstandsbewegungen. Auch im iranisch-kurdischen Gebiet schlugen die Kurden-Unruhen durch. 1931 griffen britische Luftwaffeneinheiten im Irak Kurdensiedlungen an. Somit waren in allen Regionen Kurdistans schwere Aufstände ausgebrochen.

1960 stürzte der erste Militärputsch die türkische Regierung, eine Erleichterung für die Kurden erfolgte jedoch nicht. Abermals entstanden schwere Kurden-Aufstände im gesamten Kurdistan. Nur Rußland war 1963 gegenüber der kurdischen Bewegung wohlwollend eingestellt. Ein weiterer Militärputsch in der Türkei 1970 und der nächste 1980 verschärften von Jahr zu Jahr die Situation der Kurden in der Türkei. In den Nachbarländern Iran und Irak gab es zwischendurch in den fünfziger Jahren mehr oder weniger Aussichten auf ein freies Kurdistan. Mahabad, die erste kurdische Republik im Iran, wurde 1946 ausgerufen. Autonomie-Zugeständnisse waren jedoch weder im Iran noch im Irak von Dauer, von einem »freien Kurdistan« konnte keine Rede sein.

Das letzte Jahrzehnt dieses Jahrtausends unterscheidet sich in Kurdistan kaum von vorangegangenen Epochen. Gerade die letzten Aktionen des irakischen Staates im Jahre 1991 gegen die Kurden brachten wieder das hervor, worunter das kurdische Volk immer schon zu leiden hatte: Verfolgung.

Nur eines hat sich geändert: Seit 1991 ist das Kurden-Problem keinem Menschen auf der Erde mehr fremd. Die Tragik des kurdischen Volkes ist zumindest international bekannt geworden. Ob dies in Zukunft ein Vorteil sein wird, kann man heute noch nicht sagen: »Inschallah...«.

Frühling und Winter.
Ende März in Türkisch-Kurdistan
bei Tatvan.

Nach der Getreideernte werden – gute Erträge vorausgesetzt – Strohreserven für Monate und Jahre angelegt.

Baumkulturen dienen nicht nur der Feldbegrenzung, sie ermöglichen übers Jahr eine kontinuierliche Entnahme von Bauholz. Baum- und Strauchkulturen stehen oft plantagenartig beisammen, und aus einiger Entfernung wirken derartige baumreiche Kulturflächen wie ein geschlossener Wald, den es in Kurdistan kaum noch gibt.

»Bey Dağı« bei Divriği, Ostanatolien.

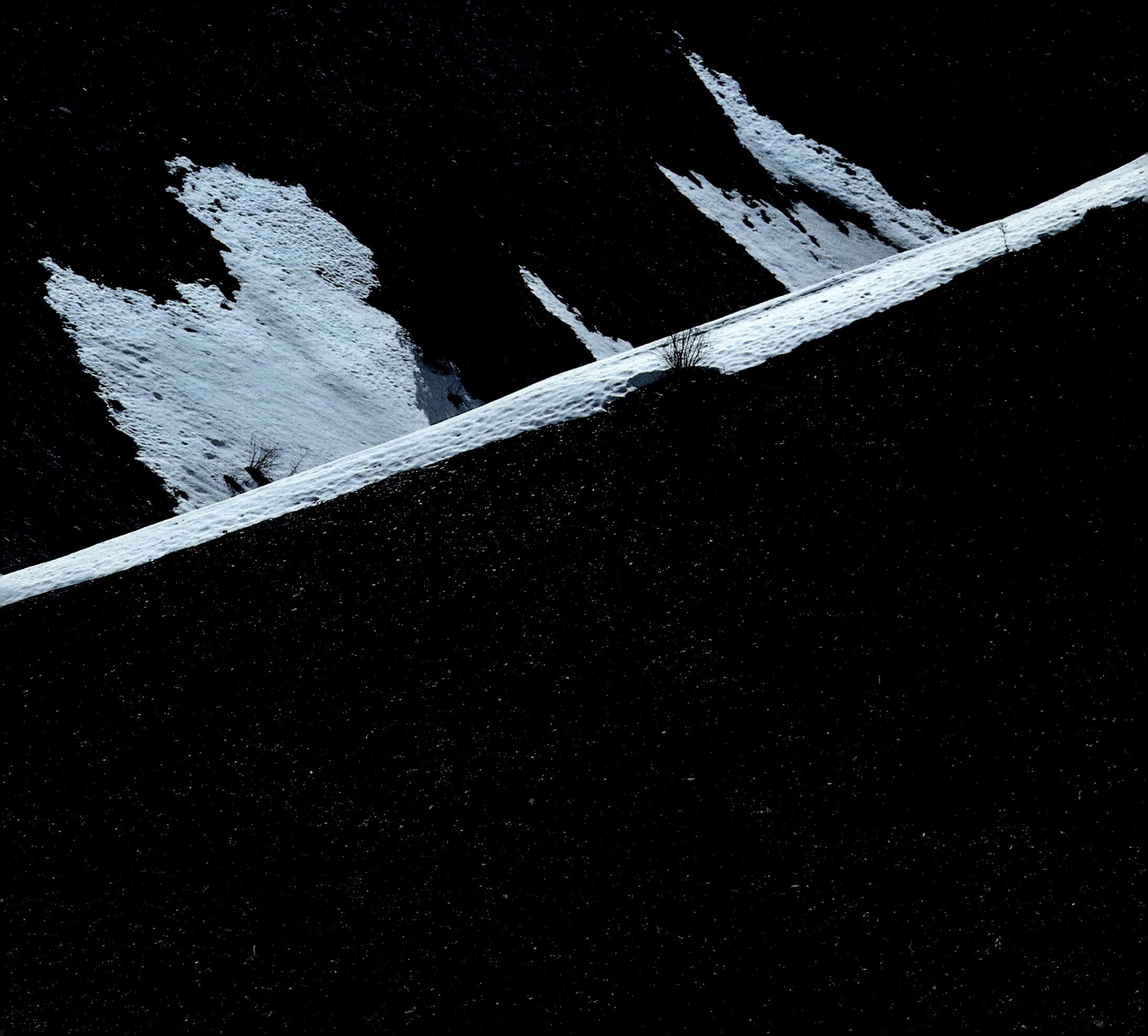

Während einer Eruptionsphase des Vulkans an der Südseite des Sees verlegten und verstopften Lavamassen den natürlichen Abfluß. Heute reichen die Zuflüsse des Sees nicht aus, um einen Überlaufabfluß zu bewirken.
Die Türkei hat am Vansee eine Schiffslinie eingerichtet. Täglich verkehrt zwischen den Städten Tatvan und Van eine Fähre.

Kurdendorf Sarikum am Vansee
Der See mit seinem natronkarbonathaltigen Wasser, dessen Nutzbarkeit in der Landwirtschaft – von der Klimabeeinflussung abgesehen – wertlos ist, verdankt seine Größe einem Lavastrom des etwa 3000 Meter hohen Nemrud Daği. Das Becken des Vansees besaß vor 100.000 Jahren einen Abfluß zum Murat, einem Nebenfluß des Euphrats.

Van Gölü, das Binnenmeer im Kurdenland.
Im Sommer Lufttemperatur 40° Celsius
im Schatten, Wassertemperatur 30° Celsius
an der Oberfläche.

Sechs Monate später: 0° Celsius in der Sonne, Wassertemperatur an der Oberfläche ebenso 0° Celsius. Trotzdem wird das Wasser nicht so leicht zu Eis: es ist eine »Lauge«.

Paradiesisch – unberührt – ein Garten Eden?
Van Gölü, Türkisch-Kurdistan

Achtamar, die Klosterinsel, befindet sich nur wenige Kilometer vom Südufer des Vansees entfernt. Sie war mit der Heiligenkreuzkirche das religiöse Zentrum der Armenier. Die über eintausend Jahre alte Kirche wurde von König »Gagik von Vaspurakan« gestiftet. Reliefs mit Szenen aus dem Alten Testament, die einst mit Gold und Edelsteinen geschmückt waren, vermitteln immer noch die vergangene Bedeutung und Epoche der Armenier.

Die Heiligenkreuzkirche, ein Kreuzkuppelbau
und ein Juwel der armenischen Architektur,
erhielt mit dem Bau um 920 n. Chr. auch ihren
reichen Reliefschmuck an den Außenwänden

Mit Booten ist vom Südufer
des Vansees ein Übersetzen
nach Achtamar
möglich

Urartu: Land der Berge, Land am Ararat

Aus der Hethiterzeit unter dem König Suppiluliuma (1370 bis 1330 v. Chr.) überliefert die Geschichte die bisher umstrittene und wenig erforschte Verbindung zwischen den Menschen vom Berg und den Kurden wesentlich genauer. Kurdistan, damals im Bereich des Vansees in Ostanatolien vom Mitanni-Staat der Hurriter verwaltet, unterlag einem Angriff des Hethiterkönigs Suppiluliuma. Aus der hurritischen Bevölkerung tauchte nun um 1250 v. Chr. eine neue Gebiets- und Volksbezeichnung auf: »Urnatru« oder »Urartu«, das Land der Berge. Gemeint war damit anfangs wohl hauptsächlich die Region der hohen Berge vom Ararat bis hin zum Vansee. Ab dem 9. Jahrhundert v. Chr., zur Zeit der urartäischen Hochblüte, wurde die Hauptstadt Tušpa (Van) gegründet, und mit ihrer stark befestigten Burg wurde die Stadt weit über die Region hinaus bekannt.

Die Sprache der Urartäer gehörte weder zu den indoeuropäischen noch zu den semitischen. Die Staatsgröße reichte 800 v. Chr. vom Schwarzen Meer bis Westpersien und über Kurdistan nach Aleppo in Syrien. Aber noch wenige hundert Jahre zuvor bekämpfte der assyrische König Salmanassar das Volk in den Bergen. Die Urartäer waren als einheitliches Volk noch nicht geschlossen, und ihr Stammesreich konnte sehr leicht bedroht werden. Erst mit dem Bau der fast uneinnehmbaren Burg am Felsrücken der heutigen Stadt Van und einer gut kultivierten Landwirtschaft erlangte Urartu eine Position, von der nun auch die Assyrer beeindruckt waren. Den Bau von Kanälen zur Bewässerung der Felder, die Aufzucht von Rindern und vor allem die Pferdezucht verstanden die Urartäer bestens. Ihr Reichsgebiet kannte schon tausend Jahre zuvor den Handel mit Obsidian und Kupfer. Auch die Metallurgie und das Handwerk entwickelten sich im Reich Urartu. Berühmte Handelsrouten entstanden dabei, vor allem, um die erzeugten Waren und Kunstwerke in die Nachbarregionen zu bringen, wo die urartäischen Erzeugnisse sehr geschätzt und begehrt waren.

Der höchsten Entwicklung im 9. bis 8. Jahrhundert v. Chr. folgte nun ein allmählicher Niedergang der Urartäer. Anfangs mußte man meist das Eindringen der Assyrer hinnehmen, später überrannten die Kimmerier, kriegerische Nomaden aus dem Hinterland des Kaukasus, gemeinsam mit den Skyten und Medern das Reich Urartu. Weitere Einwanderungen von thrako-phrygischen Gruppen, die sich mit den urartäischen und persischen Volkselementen vermischten, beschleunigten die Auflösung. In dieser verschwommenen Zeit Anatoliens bildete sich am Vansee ein neues Volk aus dem Schmelztiegel des Orients heraus: die Armenier.

Die Armenier: Eine Leidensgeschichte

Die Armenier nannten sich selbst »Hay«, und ihr Land »Hayastan« wurde um 500 v. Chr. bereits mit »Arminyia« bezeichnet. Ein Königreich »Vaspurakan« unter König Gagik hatte in jüngerer Zeit dem Vansee mit seinem Umfeld nochmals eine große Bedeutung gebracht. Etwa 900 Jahre n. Chr. verlegte dieser König seine Residenz von Tušpa (Van) auf die Insel Achtamar im Vansee. Eine Heiligenkreuzkirche, von König Gagik gestiftet und danach zu außergewöhnlicher Berühmtheit gekommen, zeigt heute noch an den Außenwänden Reliefs mit Szenen aus dem Alten Testament, die einst mit Gold und Edelsteinen geschmückt waren. Bis zur Vertreibung dieses Volkes Anfang unseres Jahrhunderts, als die Armenier zu den ungeliebten Volksgruppen des türkischen Staates gehörten, war diese Klosterinsel im Vansee Zentrum ihres Glaubens.

Schon im 4. Jahrhundert n. Chr. kam durch syrische Mönche das Christentum nach Armenien. Einer echten Islamisierung konnten sich die Armenier im 7. Jahrhundert durch das Zahlen einer Art Kopfsteuer an die Kalifen und damit einer weitgehenden Duldung entziehen. Aber es sollte nicht so friedlich um den Vansee bleiben. Mit dem späteren Einmarsch der Türken und dem Sieg von Malazgirt um das Jahr 1071 stand Armenien am Ende seiner Freiheit. Die Seldschuken unter Arp Arslans und später die Mongolen unter Dschingis Chan waren noch bereit, eine armenische geistliche Kultur im kleinen zu belassen. Aber nicht so der nachrückende Timur Lenk. Er vernichtete ganze Städte, wie z. B. Van, und ließ Tausende Armenier niedermetzeln, lebendig begraben oder von Pferden zerstampfen. Diesen Grausamkeiten waren schon damals keine Grenzen gesetzt, und es sollte in der armenischen Geschichte der Ausrottung nur der Anfang sein. Das Schicksal dieses Volkes kam erst mit dem Ende des Ersten Weltkrieges und in den darauffolgenden »Friedensjahren« zum Stillstand, denn nun waren weit mehr als eine Million Armenier von den Türken ermordet worden. Die europäischen Siegermächte des Krieges hatten nichts gegen dieses Pogrom unternommen. Ihre Interessen lagen erstrangig nur am Reichtum des Orients, und beinahe gleichzeitig mit dem Pogrom gegen die Armenier begann die schon erwähnte Aufteilung des Vorderen Orients. Der Genozid in Kurdistan interessierte niemand mehr, die Welt im Osten war wieder heil.

»Kleiner und großer Ararat«.
Kleines Kurdendorf bei Karabulak (Doğubayazit).

Altintepe: Nordgrenze der Kurden

Altintepe, einst Hauptstadt der Westprovinz des Urartäer-Reiches, wurde im 7. vorchristlichen Jahrhundert von den Vorfahren der Kurden, den Medern, und weiters von den Assyrern zerstört. Die türkisch-kurdische Region berührt heute mit ihrer Nordgrenze bei Erzincan diese antike Stätte des einst sehr großen und reichen Urartu-Landes. Die herrschenden Könige errichteten neben ihrer Hauptstadt, sie lag am Ostufer des Vansees, auch eine Reihe befestigter Burgstädte in der Gegend um den Urmia-See im heutigen Iranisch-Kurdistan. Dadurch bedrohten sie unmittelbar das Assyrerreich, und Sagon II. zog mit dem »Achten Feldzug« gegen die Urartäer in den Krieg. In Altintepe waren unterirdische Grabanlagen für die Mitglieder des urartäischen Königshauses erbaut worden, und der Totenkult fand ausschließlich unter freiem Himmel statt.

1938 fand man beim Bau der türkischen Eisenbahn von Sivas nach Erzurum zahlreiche Gefäße, Waffen und Möbelbeschläge aus Bronze. 20 Jahre später wurde auf dem Hügel von Altintepe die 120 Meter lange und 60 Meter hohe Zitadelle entdeckt und teilweise ausgegraben. Neben einem Tempel förderten Archäologen Weihgaben wie Pfeile und Speerspitzen aus Bronze, Helme und Schilde, Nägel mit goldenen Köpfen, Elfenbeinschnitzereien und einen dreibeinigen Tisch aus dem Erdreich. Die Urartäer waren fähige Handwerker und verstanden schon 900 v. Chr. das Bronzegießen. Ihre Erzeugnisse exportierten sie in alle Nachbarländer, auch mit Griechenland gab es bereits Handelsbeziehungen. Die Landwirtschaft war aufgrund der rationellen Bewässerung sehr ertragreich und sicherte den Urartäern zusätzlich einen hohen Lebensstandard.

Altintepe, im Tal des oberen Euphrat (Firat Nehri) gelegen, war auch ein Sicherungsposten gegen die vom Kaukasus hereinströmenden Kimmerier, die das Königreich Urartu schwer erschütterten.

Die Macht im Mond: Der Mondgott

Seit der landwirtschaftlichen Revolution vor mehr als 10.000 Jahren ist für den Menschen der Mond in seinem natürlichen Phasenzyklus zu einer festen Vorstellung und zu einem Kult auch in der Ackerbaukultur geworden. In Mesopotamien wurde der Mond als Zeitmesser betrachtet und verehrt. Sein semitischer Name war »Sin«, der sumerische »Nanna«. Der mesopotamische Kalender orientierte sich ebenfalls an der Beobachtung der Mondphasen. Nur das nachchristliche 20. Jahrhundert schwört dem Mondgott ab, akzeptiert die Regeln der Bauern und Nomaden nicht mehr. Wir besitzen Satelliten: die bewegen sich heute dort, wo einst Gott »Nanna« stand.

Nanna, Sin...
Nomaden ließen sich meist von Sonne, Mond und Sternen leiten.
»... und daß du, wenn du deine Augen gen Himmel aufhebst und Sonne, Mond und Sterne schaust, das ganze Heer des Himmels dich nicht verführen lassest sie anzubeten und ihnen zu dienen.«
5. Mose 4, 19

Altintepe – »Goldhügel«.

Tušpa – Alt-Van.
Vor 3000 Jahren blühte hier das Reich von Urartu, dessen Kerngebiet das Land der Berge rings um den Vansee war. Tušpa, die Residenz der Könige, verfügte schon über Techniken, mit denen Säulen und Türme errichtet werden konnten. König Sardur I. ließ um die Hauptstadt Kanäle, Stauseen und Bewässerungsanlagen bauen, wodurch eine außerordentliche Kultivierung der Landwirtschaft möglich war.

Van, die nachfolgende und heutige neue Stadt, liegt am Ostufer des gleichnamigen Sees. Grundmauern von Moscheen, zerbrochene Minarette und Säulen im sumpfigen Gelände sind die Überreste der alten zerstörten Stadt Van.

»Vankale« – die stark befestigte Burg von Tušpa, eine Zitadellenstadt, blieb lange Zeit ihrer 3000jährigen Geschichte uneinnehmbar. Ein etwa 100 Meter hoher Kalksteinrücken zieht sich mehr als einen Kilometer lang von der heutigen Stadt Van westwärts zum damals noch direkt anschließenden Ufer des Sees. Auf diesem langen Fels ließ der Gründer, Sardur I., 900 Jahre vor Christus diese wehrhafte Burg errichten, mit der anfangs die anstürmenden Assyrer auch abgewehrt werden konnten. In den geglätteten Wänden der Burgfelsen sind zahlreiche Sieges- und Geschichtsberichte der Urartäer in Keilschrift-Texten eingeschrieben. Ein großartiger Ausblick auf den annähernd 4000 km² großen See läßt die »Wohnqualität« der einstigen Burgherren erahnen.

Erzurum – Kale Arche.
Wachturm – Leuchtturm – Gebetsturm – Minarett

Ahlat – Ulu Kümbet – Ulu Türbe
ein islamischer
19 Meter hoher Grabbau
aus dem 13. Jahrhundert

Yakutiye Medrese.
Das Minarett mit zylindrischer Form und keramischer
Dekoration ist eine typische Bauart der Seldschuken;
angebaut an eine ehemalige »Koranschule«.

Islamischer Friedhof in Ahlat, Westufer des Vansees
Die Stadt war einst urartäisch
persisch, griechisch, parthisch, römisch, arabisch, armenisch . . .
Seldschuken, Ayyubiden, Mongolen, Georgier, Kurden, Osmanen . . .
regierten die Stadt am See. Nur die Grabbauten und der große Friedhof
lassen die ehemalige Größe von Ahlat erahnen

122

Vom Erdbeben verschont gebliebene Säulentürme in Alt-Van. Lob-Inschriften in geometrischer, kufischer Schrift eigneten sich besonders gut dazu, Texte in Stein zu hauen. Diese Schriftkunst, aus der Stadt Kufa in Mesopotamien hervorgegangen, fand in der islamischen Architektur, auf Grabsteinen genauso wie auf Münzen und Manuskripten Verwendung.

Die ebenfalls aus dem Zwischenstromland stammende Keilschrift blieb dabei wesentlich sachlicher. Mit Keilschrift-Texten wurde Geschichte überliefert, während mit der Kalligraphie eine ästhetische Normung der Buchstaben erfolgen konnte und eine Kunstrichtung entstand.

Die Kunst am See

Südlich des großen Ararat, im Gebiet um den Vansee (Van Gölü), liegen nicht nur die meisten urartäischen Kultstätten, auch alle nachfolgenden Völker und Großreiche hinterließen in dieser Südostecke Anatoliens unzählige schöne Zeugnisse ihrer jeweiligen Kultur. Ob es die Architektur der Grabtürme, Mausoleen oder die befestigten Wohnplätze waren, welche uns heute einen einzigartigen Einblick in die Kunst gewähren, oder ob es die religiösen Stimmungen in Form von Ornamentik und Kalligraphie ausdrücken, eines steht heute wohl fest: jede Epoche in Kurdistan erlebte höchste Entwicklungsstufen.

Die moderne türkische Stadt Van, als Nachfolgestadt der antiken Urartäer-Hauptstadt Tušpa, beweist großflächig die Existenz des mächtigen Urartu-Staates. Zahlreiche Felsinschriften, Keilschrift-Texte, Tempel, Kanäle und Bewässerungseinrichtungen aus dem 9. vorchristlichen Jahrhundert überliefern die Lebensbereiche und den Kulturstandard des Volkes unter seinem König Menua. Der Garten Eden muß nicht nur in den Ebenen des Zwischenstromlandes gesucht werden, auch Tušpa konnte all diese Gärten und Weinberge vorweisen. Einer wachsenden Bedrohung der Bergregion durch von Süden und Osten herandrängende Völker konnte wohl der Felsrücken von Van mit seiner Burganlage trotzen. Aber die Unterstadt mit ihren Gärten wurde durch die assyrischen Angriffe sofort zerstört. Die Meder bemächtigten sich ebenfalls dieser Region. Schonungsvoll verlief keine einzige Schlacht um den Vansee, sämtliche Bauten fielen dem Feuer und Schwert zum Opfer. Fast mit einer gewissen Regelmäßigkeit – beginnend im Altertum bis in die jüngste Vergangenheit – zerstörten zuletzt noch nach dem Ersten Weltkrieg Kriegstruppen größtenteils die bis dahin verschont gebliebenen, inzwischen wiedererrichteten archäologischen Kunstwerke.

Von der Zitadelle, sie liegt nur wenige hundert Meter vom Nordufer des Vansees entfernt, läßt sich eine grandiose Bergwelt rundum erblicken. Der natriumkarbonathaltige See hat ein Fläche von 4000 km² und ist einem Meer sehr ähnlich. »Meereshöhe«: 1700 Meter.

Ahlat, ein ebenfalls ufernaher Ort am Vansee, erlebte gleich im 7. Jahrhundert n. Chr. eine arabische Unterwerfung, woher auch noch der heutige Name stammt. Der Westen des Sees, das Ostufer und die Stadt Ahlat waren 900 v. Chr. urartäisch. Dreihundert Jahre danach aber regierte man hier schon persisch, und nach dem Durchzug Alexanders des Großen setzten sich die Parther in Ahlat fest. Die Römer waren in der Reihe der Stadtbesitzer die Überlieferer »ihrer Stadt« Hilyat (Ahlat) an die Armenier, und folglich wurde Ahlat mit dem ersten islamischen Ansturm eben arabisch. Seldschuken, Ayyubiden, Mongolen, Georgier, Kurden und nochmals Perser folgten, bis letztlich die Osmanen mit Selim I. im Jahre 1517 die Besitzer von Ahlat wurden. Die große Zahl der Eroberer läßt sich an Hand der vielen Friedhöfe und Türben schon erahnen, und die vielen, mit kunstvollen Schriftzügen verzierten Gedenksteine beweisen die Vielfältigkeit der Kunstrichtung im Bereich des Vansees. Ahlat, in der Nähe des Vulkans »Nemrud Daği« gelegen, wurde in den Jahren 1275 und nochmals 1451 von starken Erdbeben heimgesucht. Vor einigen Jahren nahmen türkische Archäologen die Forschungsarbeiten um Ahlat wieder auf.

Ishak Paša: Der Zwang zum Anhalten

An der strategisch wichtigen Stelle, unweit vom Berg Ararat, steht immer noch wachsam eine Zwingburg aus dem 18. Jahrhundert. Vom Kurden-Emir Ishak Paša, Gouverneur von Georgien, erbaut oder zumindest weiter ausgebaut und durch Wegzölle finanziert, bekam dieses festungsartige Bergschloß in der Nähe von Doğubayazit eine wichtige Schlüsselfunktion, wo durchreisende Kaufleute Abgaben (Zoll, Maut) entrichten mußten. Die Grundmauern der Kalesi (Burg) dürften schon die Urartäer vor 3000 Jahren ebenfalls für eine Festung errichtet haben. Auch die Seldschuken und später die Osmanen benutzten die Burg mit ihrer uneinnehmbaren Wuchtigkeit als Bollwerk gegen Bedrohungen aus dem Osten.

Durch viele Bauherren erfolgte im Burgbereich eine große Kunst-Anreicherung der Architektur. Reicher Reliefschmuck verschiedenster Stilrichtungen, von den Seldschuken bis zu den Armeniern, hat die »Ishak Paša« zu einem wahren Kunstwerk werden lassen. Zerstörungen, zuletzt verursacht durch den seinerzeitigen Rückzug der Russen Ende des Ersten Weltkrieges, folgten nun in den vergangenen Jahren vermehrt Restaurierungsarbeiten der Türkei. Türkisch-Kurdistan besitzt mit der »Ishak Paša« ein unwiederbringares Kunstwerk aus einer zwar unrühmlichen, aber umso turbulenteren Zeit des reichen Ostens. Jene Bedeutung, welche die vorbeiziehenden Karawanen vor Hunderten von Jahren besaßen, erreicht der an der »Ishak Paša« heute vorbeirasende Transitverkehr zwischen dem Orient und dem Okzident wohl längst nicht mehr.

Im Lande der Paschas waren die Wege voller Gefahren.

Ishak Paša, die Wohnburg der Fürsten von Cildiroğlu, kurdischer Herrscher unter osmanischer Aufsicht. Eine urartäische Festung dürfte im Bereich zwischen Altintepe und dem Urmia-See jenen Platz schon eingenommen haben, wo um das 17. Jahrhundert n. Chr. die Ishak Paša-Zwingburg errichtet oder zumindest weiter ausgebaut wurde. Ishak Paša, ein kurdischer Wesir, und dessen Vater Beylül erkannten die einzigartige Position für eine wehrhafte und einträgliche Zollburg. Ishak Pašas Machteinfluß im Gebiet um den Ararat war stark genug, um auch unter dem osmanischen Sultan autonom »regieren« zu können. Jene Zeit begünstigte kleine kurdische Fürstentümer, doch die inneren Streitigkeiten der Kurden lösten letztendlich diese Strukturen auf.

Beyazit I., auch Yildirin – der Blitz – genannt (1389–1403), ein osmanischer Heerführer, war bereits als »Burg-Erbauer« bekannt. Beyazit unterlag einem Kampf gegen den Mongolenfürsten Tamerlan und starb 1403 bei der Schlacht um Ankara. Der Grenzort zum Iran, am Fuße der Ishak Paša, trägt ihm zu Ehren den Namen Doğubayazit – »Ostbayazit«.

Den außergewöhnlichen Festungscharakter der Burg baute der Kurden-Emir Ishak Paša dann im 17. Jahrhundert weiter aus. Eine Kuppelmoschee mit einem grandiosen Minarett, Audienzhallen und Grabstätten wurden in die Burg eingebaut. Auch ein Harem durfte nicht fehlen. Aus der Burgfestung wurde, gestützt auf immer reichere Einnahmen durch den Handelsverkehr (Karawanenbetrieb), ein wahres Lustschloß mit typisch orientalischem Gepräge. Gerade die unzähligen Stilrichtungen seldschukisch-osmanischer Baukunst vermischten sich mit regionalen Bauformen der Armenier, Georgier und Kurden. Die bedeutungsvolle Schlacht des Osmanenführers »Selim der Gestrenge« gegen den persischen Schah Ismail wurde 1514 unweit der Zwingburg ausgetragen. Es wurde die Entscheidungsschlacht von Tschaldiran (Caldiran), womit die kurdischen Gebiete an die Osmanen fielen. Die Zwingburg »Ishak Paša Sarayi« behielt ihre Position, ihre langjährige Geschichte kann sie mit ihrer Kunstvielfalt heute noch beweisen.

Auf 2200 Meter Höhe, über der Stadt
Doğubayazit, thront die Burg.

Ishak Paša Sarayi.
Minarett oder Wachturm?

Burg-Eingangstor mit seldschukischen Kunstelementen, reich verziert mit Reliefschmuck.

Ishak Paša Sarayi. Der Ausblick ist immer noch grandios.

Hošap Kale – Mahmudiye-Palast.
Südlich des Vansees bauten die kurdischen Herrscher
»Mahmudiye« im 15. Jahrhundert einen ebenfalls trutzigen
Festungsbau, dessen 360 Zimmer, Moscheen und Vorratsräume
nicht weniger von vergangenem Reichtum ahnen lassen.

Hasankeyf, Kurdenstadt in Türkisch-Kurdistan, liegt an einer Engstelle des Tigris. Die große Brücke, von der noch Reste stehen, wurde 1260 durch die Mongolen zerstört. Hasankeyf (Hisn Kayfa) war während der Römerzeit Grenzposten zu den Persern und trug den Namen Cepha.

Der Tigris, wasserreichster Fluß des Vorderen Orients, durchfließt mit einer Länge von über 1000 Kilometern Kurdistan, ehe er sich im Südirak mit dem Euphrat vereinigt. Der Flußübergang in Hasankeyf hatte größte Bedeutung. Ein Handelsweg führte von Mosul über die antike Brücke nach Diyarbakir in Südost-Anatolien, wo ein großes kurdisches Fürstentum lag.

Cepha oder Kiphas, die antike Bezeichnung für Hasankeyf, war im 5. Jahrhundert Sitz eines nestorianischen Bischofs. Der christliche Einfluß in der kurdischen Region blieb noch bis ins 13. Jahrhundert erhalten.

»Zeynal Bey Türbe« in Hasankeyf (Cepha, Hisn Kayfa), ein mit türkis-blau-weißen Fayencen verzierter Ziegelbau-Grabturm am Tigris-Ufer.

Kurdistans Erde und ihre Schätze

Das Land der Kurden liegt zum großen Teil im Faltengebirgsgürtel der Alten Welt. Die Hochländer sind von Gebirgsketten umschlossen und von einer vielfältigen tektonischen Aktivität gezeichnet. Der Gebirgs- und Hochlandcharakter Kurdistans bringt eine enorme Zunahme der Niederschläge, und somit ist eine landwirtschaftliche Nutzung – zumindest mit abgestuften Möglichkeiten – gegeben. Ohne die Berge wäre das Land so trocken wie die Südukraine oder weitgehend so arid wie die irakische Ebene am Zusammenfluß von Euphrat und Tigris.

Flußtäler durchbrechen mit steilen Gefällstrecken und Schluchten die einzelnen Becken der Region Hakkari.

Im zerklüfteten Kurdistan war und ist heute noch die Kommunikation durch Gebirgsstöcke und -ketten mit all ihren Senkungsfeldern sehr behindert, was einer völkischen Stammesentwicklung und Tradition sehr förderlich war. In der Türkei werden solche von Gebirgen umschlossenen Beckenebenen mit »Ova« bezeichnet und die Begriffe »Pontiden« für die nördlichen Gebirge angewandt (Pontisches Gebirge). »Anatolien« und »Tauriden« (Taurus-Gebirge) sind die zentralen und südlichen Berge der türkischen Kurdenregion. Immer noch sind es, wahrscheinlich seit dem Mesozoikum, Nahtstellen der Erde. Hier dehnt sich die Erdkruste Kurdistans, und die Scholle oder Platte driftet südwärts. Auch das Zagros-Gebirge in Iranisch-Kurdistan unterliegt ähnlichen Auswirkungen.

Ostanatolien, »das wilde Kurdistan«, das schönste Kurdenland.

In der Region Hakkari dürften die größten Faltungen gegen Ende der Kreidezeit vor etwa 70 Millionen Jahren erfolgt sein. Ostanatolien unterliegt aber heute noch einer letzten gebirgsbildenden Phase. An der nördlichsten Kurdistan-Grenze der Türkei, bei Erzurum und Erzincan, liegt eine gewaltige, aktive Horizontalverschiebungslinie, deren Ausgangspunkt das Marmarameer ist.

Der Einfluß der arabischen Tafel im Zusammenwirken mit der dort liegenden nordanatolischen Achse ergibt somit auch eine der erdbebenreichsten Zonen der Erde. Die nächste große Vulkanachse ist die ostanatolische mit ihrem bekanntesten Eckpfeiler in Kurdistan, dem Nemrud Daği bei Tatvan.

Der Nemrud-Vulkan mit seiner in fast 3000 Meter Höhe liegenden Caldera kann als Verursacher des großen ostanatolischen Vansees angesehen werden. Vor etwa 100.000 Jahren waren seine Aktivitäten so stark, daß die Lava den Abfluß des Vansees zum Murat-Su hin und somit zum oberen Euphrat blockierte. Damit wurde ein Aufstauen des Vansees eingeleitet.

Geotektonische Prozesse bewirkten in Kurdistan eine große Anhäufung von Bodenschätzen. Diese Mineralisierung trat in der Faltungsphase im Alttertiär ein, und dadurch bildeten sich gewaltige Chromlagerstätten. In Türkisch- und Irakisch-Kurdistan liegen auch jene geologischen Strukturzonen, die im Persisch-Arabischen Golf längerfristig Erdölvorkommen sichern. Allerdings ist dabei in Kurdistan nur von einer Randzone zu sprechen. Immerhin fördert man unter anderem in Batman im türkisch-kurdischen Gebiet größere Mengen Erdöl, und östlich davon, im irakischen Kurdengebiet bei Kirkuk, liegt eines der großen Erdölfelder des Vorderen Orients. Aber »das schwarze Gold« gehörte nie den Kurden. Das Öl der Kurden liegt genauso in den Händen der Araber wie die größten Öl-Brunnen der Arabischen Halbinsel und die der Golfregion. In Mesopotamien hatte man schon vor 5000 Jahren Öl gekannt, das von selbst an die Oberfläche kam. Als »Mörtel« (Bitumen als Bindemittel) zu Bauzwecken genutzt, waren sich die Sumerer noch nicht klar darüber, welche Rarität dieser Rohstoff darstellte.

Der Erdgeschichte entsprechend müßte Mineralöl fast überall auf unserer Erde zu finden sein, zumindest aber dort, wo die sogenannten Sedimentgesteine liegen, in deren Poren und Hohlräumen sich organische Substanzen ablagern konnten.

In den Urmeeren der Erde entstanden und vergingen unzählige winzige Lebewesen. Durch das Absinken verwesten sie in den sauerstoffarmen Tiefengewässern der Meere nicht, sondern bildeten dort einen Faulschlamm, der von sauerstoffunabhängigen Bakterien und mineralischen Katalysatoren in Kohlenwasserstofftropfen umgewandelt wurde. Dieser Vorgang geschah vor etwa 500 Millionen Jahren im sogenannten Silur-Zeitalter. Die sich später bildenden Gebirge preßten mit hohem Druck die Schiefertone aus, die Öltropfen wanderten in die Poren und Löcher der Sedimentgesteine. Aus diesen Tropfen wurden Blasen und schließlich ganze unterirdische Seen. Das Rohöl sickerte entweder bis an die Erdoberfläche, wo es in der Frühzeit im Zwischenstromland von den Sumerern auch schon gefunden wurde, oder das Mineralöl geriet in eine Falle, wo festes, undurchlässiges, geologisch anders zusammengesetztes Gestein eine Sperre bildete. In dieser »Ölfalle« staute sich nun der Rohstoff auf, neues Öl floß nach, die Becken (Ölfelder) wurden immer voller und gerieten unter Druck.

Die gewaltigste »Ölfalle« der Erde liegt im Nahen Osten, denn dort schließt ein »gebogener Gebirgszug« die Region ab: das Gebiet am Euphrat und Tigris.

Erdgeschichte Kurdistans.

Tuzluca, Salzlagerstätte nordwestlich des großen Ararat.
Kurdische Schätze, »weißes Gold«.

Anatolien.
»Der Reiche benutzte lieber Unfreie als Freie
zum Kultivieren des Bodens,
von dem er die Bürger vertrieben hatte.«
Plutarch, 1. Jahrhundert n. Chr.

Sonnenblumen wurden zu einer beliebten
Kulturpflanze der kleinasiatischen Bauern. Die
Samenkerne liefern hochwertige Speise- und
Farbenöle. Die Eleganz, mit der sich die
Sonnenblume ihrem Wärme- und Lichtspender
nachdreht, bleibt unerreicht.
Trotzdem: der Kampf um Boden
wird in Kurdistan zunehmend härter.

Die Vegetation Kurdistans zeigt vielerorts auch nur mehr in
Resten das, was eigentlich von Natur aus in den jeweiligen
Regionen der verschiedenen Höhenstufen wachsen müßte.
Mehrere Jahrtausende menschlicher Siedlung haben die
Zusammensetzung der natürlichen Pflanzen und Blumen
entscheidend verändert und regional verdrängt.

Im mittleren Europa ist es dem Unverstand des reichen Zivilisationsmenschen zuzuschreiben, daß er seine Umwelt allmählich zugrunderichtet. Erfreulicherweise gibt es erste Anzeichen, daß immer mehr Menschen des fragwürdigen Fortschritts und Konsums überdrüssig werden und sich wieder nach natürlichen Dingen sehnen. Was in Kurdistans Blumen- und Pflanzenwelt noch als »normal« gilt, bezeichnen wir bereits als exotisch

Anatolien.
Der Weingarten galt im Orient von jeher als symbolhafter Gegensatz zwischen Kulturland und Wüste. Im reichen Mesopotamien stand Wein für Wohlstand, Freude und Fruchtbarkeit, und der köstliche Weinsaft wies auch auf den Abstand zum Nomadentum hin.

Dem Sintflutbericht zufolge soll der erste Weinstock zwischen dem Schwarzen Meer und dem Mittelmeer gepflanzt worden sein, in jenem Gebiet, welches wir heute mit Anatolien Kurdistan oder Türkei bezeichnen

Kurdistan, das »reiche Land« –
reich an Wasser, reich an Flüssen . . .

Die Seidenstraße im Kurdenland: Handelsweg und Kulturbrücke

Als ein Jahrhundert vor Christus die ersten Wegbereiter der längsten und bedeutendsten Fernhandelsroute aus dem Reich der Mitte aufbrachen, um in Richtung Westen zu reisen, waren die Gefahren kaum abzuschätzen. Über ein Jahrzehnt lang mußte befriedet und verhandelt werden, ehe Karawanen auf die Reise gehen konnten. Der Handel zwischen China und Westeuropa steuerte zusehends einem Höhepunkt entgegen, als die Römer erstmals ca. 50 Jahre vor Christus Seide in ihren Händen hielten. Kaum eine Ahnung, woher eigentlich dieser prunkvolle Stoff kam, glaubten sie anfangs, der Stoff würde auf den Bäumen der »Serer« wachsen. Die Chinesen beschäftigten sich zu diesem Zeitpunkt schon tausend Jahre lang mit dem wertvollen Naturprodukt. Mehr als 14.000 Kilometer wanderten die Karawanen, beladen mit Papier, Tee, Gewürzen, Glas und Seide, von China nach Westeuropa, und genauso wie man importierte, gab es natürlich für die Römer die Gelegenheit, Produkte auch in die Gegenrichtung zu exportieren.

Die Routen der Handelsverbindungen wurden immer umfangreicher, auch die Gefahren stiegen dabei an. Die Parther, selbst erfahrene Händler und starke Kämpfer, erwarben sich dabei eine Art Monopol mit dem Seidenhandel. Gleichzeitig bekam China, als Folge des Karawanenhandels, Berührung mit dem in Nordostindien entstandenen Glauben des Buddhismus, und es erfolgte an der Seidenstraße zwischen Indien und China mit der von Alexander eingeführten griechischen Stilrichtung eine Kunst-Anreicherung, wie sie die Welt noch nie erlebt hatte.

Die Wege der Handelsreisenden durch die Wüsten Chinas waren beschwerlich, und immer wieder wurden die Karawanen von Tragödien heimgesucht, wobei die größten Menschenverluste von Naturereignissen gefordert wurden.

Den klassischen Namen »Seidenstraße« trägt der reich verzweigte Handelsweg erst seit dem vorigen Jahrhundert, als berühmte, meist europäische Forscher, Archäologen, Geographen und Vermesser die Taklamakan-Wüste und das Karakorum-Gebirge erkundeten. Die ersten großen Berichte vom Handelsweg der Seide brachte allerdings vor etwa 700 Jahren der Venezianer Marco Polo von einer 20jährigen Reise nach China mit nach Hause.

Die »orientalische Seidenstraße« durch das südliche Zwischenstromland (Mesopotamien) hatte gegenüber den Nordrouten einen großen Vorteil. In diesem ebenen Gebiet zwischen den Flüssen Euphrat und Tigris konnten die Händler Tausende Kilometer am Flußufer entlangreisen, und so gab es für die Route über Bagdad – Hatra – Duro Europos und Palmyra in Richtung Mittelmeer weit mehr Interesse als für den Nordweg durch Armenien.

Das transportierte Warenangebot von Gold bis Seide verhalf den Karawanenstützpunkten dabei zu großem Reichtum. Bedeutende Karawanenstützpunkte, Städte wie Hatra, Duro Europos und Palmyra, wurden zu echten Festungen ausgebaut, um einfallende Plünderer, die »Horden aus den Bergen«, abzuwehren. Den Kurden gelang es selten, an die Schätze der Oasen heranzukommen, sie versuchten es jedoch immer wieder. Die mesopotamische Ebene war sehr verlockend, und nach »getaner Arbeit« (Razzia) verzogen sich die Kurden wieder in ihre Berge.

Besonders bezeichnend waren die Reichtümer der wasserreichen Wüstenstadt Palmyra (Tadmur), deren Aufschwung in römischer Zeit deutlich wurde. Mit dem Besuch des Kaisers Hadrian im Jahre 129 n. Chr. wurde der Stadt der Status einer civitas libera (freien Stadt) verliehen. Mit einer Vielzahl von Prachtbauten war die flußferne Oase nun Mittelpunkt des gewinnträchtigen Orienthandels geworden. Die den Euphrat heraufziehenden Karawanen verließen spätestens bei Dura Europos den Euphrat und gelangten dann über strapaziöse Wüstenwege nach Palmyra. Inschriften und Tempelbauten bestätigen die günstige Entwicklung und wirtschaftliche Lage der Oase. Bis zur Plünderung durch den römischen Heerführer Aurelius im Jahre 273 n. Chr. war die Stadt wichtigster Umschlagplatz und Stützpunkt auf der südlichen Seidenstraße durch den Orient zum Mittelmeer.

Durch die nördliche Region Kurdistans führte ein weiterer Zweig der Handelsstraße. Täbriz, im heutigen Iran, der Berg Ararat in Türkisch-Kurdistan sowie die ostanatolischen Städte Doğubayazit und Erzurum kamen ebenfalls ständig mit reichbeladenen Karawanen in Berührung, doch niemals gelangten die gebirgsnahen Karawanenstützpunkte zu so prunkvoller Entwicklung wie die südlichen Oasen. Die Stadt Erzurum war eine wichtige Station auf der Seidenstraße von Persien nach Trapzon am Schwarzen Meer.

Einen größeren wirtschaftlichen Anteil am reichen Handelsweg der Seidenstraße erreichten die Kurden aber nicht, zu sehr war ihre Gesellschaft vom Nomadentum und der Bergwelt gezeichnet. Aber trotzdem entwickelte sich die »Straße der Seide« in Kurdistan zu einer Kulturbrücke zwischen Morgen- und Abendland.

Die alte Karawanenstraße von Persien nach Erzurum. Einen Nebenfluß des Aras Nehri überspannt heute noch eine mehr als 200 Meter lange, aus Stein gebaute Brücke. Die schöne Konstruktion mit sechs Bögen, eine seldschukisch-osmanische Bauart, möglicherweise von Sinan geplant, zählt zu den edelsten Flußübergängen an der alten Seidenstraße durch Kurdistan.

151

Flachland-Kurdenland
an der syrischen Staatsgrenze.
Nichts ist so unergründlich
wie die Stimmung des Himmels vor einem Gewitter.

Das Wasser im Euphrat – Die Macht im Orient?

Als Abraham vom wasserreichen Land zwischen den Flüssen aus seiner Heimat Ur nordwestwärts zog, um im Harran (Hauran) einen weiteren Wohnsitz zu errichten, wußte er wohl, daß der Rohstoff des Lebens, das Wasser, sehr ungleich über die Länder der Region verteilt war. Was er nicht erahnen konnte, ist heute Realität geworden: Die einer »Wüste« sehr ähnliche Harran-Ebene in der Südost-Türkei kann nun mit dem »Wasser« versorgt werden, das Abraham seinerzeit in Ur aus dem Euphrat zog und damit seine Familie versorgte.

Das Südostanatolien-Projekt, der Atatürk-Stau, eine der größten Baustellen der Erde, geht ihrem Ende entgegen. Der gewaltige Euphrat-Staudamm verschlang über eine Million Tonnen Beton, während der höchsten Bauphase wurden 12.000 Arbeiter Tag und Nacht beschäftigt, und seine Staufläche wird demnächst auf fast 1000 km² ansteigen. Durch unterirdische Kanäle, die längsten der Welt, kann ein System von Röhren mehr als 600 Kilometer weit das Euphrat-Wasser in der Südost-Türkei verteilen. Die Harran-Ebene südöstlich von Urfa, einer Provinzstadt mit hauptsächlich kurdischer Bevölkerung, wird erstmals bewässert werden. 500.000 Hektar Land werden fruchtbar gemacht – das hätte sich Abraham wahrlich nicht vorstellen können. Der Atatürk-Stau, nach dem Gründer der »neuen Türkei« so benannt, soll mit seinem Wasserkraftwerk eine so hohe Stromerzeugung ermöglichen, um letztendlich die Hälfte des gesamttürkischen Energieaufwandes an Strom zu decken. Ein wahres Meisterwerk der Technik, aber ein risikoreicher Eingriff in die Natur des Vorderen Orients.

Der Preis für dieses gigantische Projekt ist hoch, und er wird auch von den Bewohnern der Stauregion mitbezahlt. Über 50.000 Kurden müssen nach offiziellen Angaben umgesiedelt und Hunderte Dörfer werden vom Wasser des Euphrat überflutet werden. Die finanzielle Abgeltung für Grund und Boden, Haus und Hof ist keine Entschädigung, gehört doch der größte Teil des Landes den Großgrundbesitzern und nicht den Kleinbauern und Taglöhnern. Wohin die ausgesiedelten Kurden nun gehen sollen, weiß niemand so recht. Die Stadt Urfa wird keine Alternative sein. Arbeit läßt sich in den Städten schon längst nicht mehr finden, trotzdem zieht es unzählige Kurden dorthin. Ein Beispiel dafür ist auch die nach Urfa nächste Großstadt Diyarbakir.

Alles hat sich nun hier am Fuße des Götterberges »Nemrud Daği« geändert. Dörfer, die ich im Frühling 1990 noch besuchen konnte, sind ein Jahr danach im Wasser verschwunden, mit ihnen Verbindungstraßen von Dorf zu Dorf. Kurden haben inzwischen einen Fährbetrieb über den Staubereich des Euphrat eingerichtet, um nicht Hunderte Kilometer Umwege von der Stadt zu ihren Dörfern zurücklegen zu müssen. Vieles hat sich bereits geändert – das Klima wird genauso Auswirkungen zeigen. Veränderungen diesbezüglich gibt es in Kurdistan schon seit Jahren, ebenfalls im Euphrat-Bereich, nur einige hundert Kilometer stromaufwärts am Keban-Stausee.

Energiepolitisch ist dieses technische Meisterwerk jedenfalls sicher vertretbar, ersetzt es immerhin den Einsatz von zwei Kernkraftwerken. Staatspolitisch gesehen kann der Euphrat-Stau höchst effizient werden. Wasser als Waffe, ein Thema, daß im Orient nicht neu ist, wurde während der zweiten Golfkrise 1990, noch bevor es zum Golfkrieg kam, von der Türkei bereits kurz aufgegriffen.

Irakische Drohungen der Türkei gegenüber beantwortete letztere ebenfalls mit einer möglichen Wassersperre des Euphrat. Kurzfristig wird man mit Wasser als Waffe sicher nicht operieren können, dauert der Wasserfluß von der Türkei bis in den Irak doch länger. Das südliche Nachbarland der Türkei, Syrien, sorgt sich nicht weniger um die Wassermenge im Euphrat, denn auch dieses Land nützt nicht nur für die Energiegewinnung den geschichtsträchtigen Fluß. Einer »friedlichen Wassernutzung« kommt nun ein türkischer Vorschlag entgegen, wobei man dem gesamten Nahen Osten anbietet, eine »Friedenspipeline« zu installieren, das Wasser könnte von der Türkei bezogen werden. Ob es ein Handelsgeschäft mit Preisberechnung, Angebot und Nachfrage oder ein Sperrventil der »westlichen« Türkei in Richtung revolutionärer Orient wird, ist nicht sicher. Eines steht bereits fest: Ackerland und Energie werden mit dem Euphrat-Stau gewonnen werden, aber den Preis dafür wird jemand bezahlen müssen. Vielleicht die Kurden?

Den über 2600 Kilometer langen Euphrat nutzt man vor allem in Ostanatolien vielfach. Die cañonartigen Schluchten der verschiedenen Durchbrüche durch die Gebirge Kurdistans bieten unzählige Möglichkeiten für große Wasserstauanlagen. Neben dem jetzt fertigwerdenden Atatürk-Stau funktioniert seit 15 Jahren die große Talsperre von Keban, nordöstlich von Malatya, kurz nachdem die beiden Euphrat-Quellflüsse Murat und Karasu sich vereinigen. Der Keban-Stausee gehört mit rund 30 Mrd. m³ Fassungsvermögen schon zu den größten der Erde, sein neuer Nachbar stromabwärts wird in wenigen Jahren jedoch rund 50 Mrd. m³ Wasserspeicherung erreichen.

Ob es ein zweiter »Garten Eden« wird? Abraham konnte das nicht mehr erleben. Er kannte jedoch den Euphrat am untersten Lauf, und er liegt beinahe am Euphrat-Stau begraben. Jedenfalls laufen die Bewässerungskanäle mit dem Stauwasser fast unmittelbar an seinem Grab in Urfa vorbei, um wenige Kilometer südlich, im Harran, einen »Garten« entstehen zu lassen: Abrahams Garten.

Euphrat-Quellfluß – Quelle des Lebens.

Harran (Hauran): antike Reste einer großen »biblischen Zeit«.
Die schon wüstenähnliche, südtürkisch-syrische Ebene um Harran war
bereits vor 5000 Jahren erstmals besiedelt. Etwa 1800 Jahre v. Chr. soll sich
Abraham mit seiner Familie, auf den Weg vom südlichen Ur nach Kanaan,
in Harran niedergelassen haben.

»Da nahm Tharah seinen Sohn Abraham und Lot, seines Sohnes
Harran Sohn, und seine Schwiegertochter Sarai, seines Sohnes
Abraham Weib, und führte sie aus Ur in Chaldäa, daß er ins Land
Kanaan zöge; und sie kamen gen Harran und blieben daselbst.«
1. Buch Mose

Atatürk Baraji, das »Wasser-Projekt« in Südost-Anatolien.
Ein weiterer »Garten Eden« soll mit dem Euphrat-Stau im Südosten der Türkei entstehen.
Die südlich der Provinzhauptstadt Urfa (Edessa) liegende Harran-Ebene wird jenes
Wasser zur Bewässerung erhalten, das der Euphrat schon tausend Kilometer bis in den
Staubereich angeliefert hat. Zwischen den Städten Urfa, Siverek und Adiyaman staut sich
der Fluß zu einem 800 km² großen See auf.

Dörfer verschwinden im Euphrat. Die Umsiedlung der von der Überflutung bedrohten Bauernhäuser war eher einfach zu lösen: finanziell. Wesentlich schwieriger wurde es, antike Bauten, Stätten und Skulpturen früh genug aus dem »Flutbereich« zu entfernen.

Die alte Hauptstadt des Königreiches Kommagene, Samosata, widerstand zwar 69 v. Chr. der Belagerung durch den römischen Feldherrn Lucullus und vielen nachkommenden Eroberern. Doch die antike Stadt, am Fuße des »Götterberges« gelegen, welche einst den wichtigen Euphrat-Übergang beherrschte und somit eine Festung für das Reich Kommagene darstellte, wird nun den Fluten preisgegeben.

Türkisch-Kurdistan

Die Türkei besitzt mit 230.000 km² den größten Teil Kurdistans. Im Südosten Anatoliens besiedeln über 10 Millionen Kurden ein Gebiet, das etwa ein Drittel der Gesamtgröße der Türkei ausmacht und von wildromantischer Schönheit geprägt ist. An eine Urlandschaft wird man erinnert, wenn man Anatoliens Osten mit den hohen Bergen und seinen wild zerklüfteten Tälern besucht. Eine rauhe, herbe Landschaft mit schneereichen Wintern und Temperaturen unter minus 30° Celsius in den Winternächten ist die Heimat vieler Millionen Kurden. In dieser Ecke Kleinasiens merkt man nichts von den Bestrebungen der Türkei, sich Europa zu nähern. Die Provinz Hakkari, im Dreiländereck zum Irak und Iran gelegen, ist eine der am wenigsten entwickelten Regionen Kurdistans. Meist lagen hier im Laufe der Geschichte die Schauplätze von Schlachten, und es kam zu Überfällen fremder Mächte. Kurdistan ist übersät mit Relikten und Denkmälern der alten Zeit und war Mittelpunkt der neolithischen Revolution. Die modernen Türken haben aber keine Zuneigung zum Reich der Kurden entwickelt. Mit militärischer Macht drücken sie dieses Volk wie auch die kurdische Kultur nieder. Landreformen haben in diesem Grenzraum noch nicht so richtig eingesetzt, die Strukturen sind teils feudal geblieben. Großgrundbesitzer, die Ağhas, bestimmen immer noch, ob Arbeiten an Kurden vergeben werden und wo Felder und Äcker von ihnen genutzt werden dürfen.

In anderen kurdischen Provinzen bemüht sich die türkische Regierung seit einigen Jahren, eine Infrastruktur zu entwickeln. Stauprojekte, Bewässerungen und Straßenbau werden vorrangig behandelt, jährlich erkennt man diese Fortschritte, aber jährlich wird auch die militärische Gewalt in Kurdistan größer. Als Reaktion wird der Kampf vieler Kurden um Autonomie mit Waffengewalt zu nächtlicher Stunde gegen die Türkei geführt. Diesem Separatismus und Terrorismus tritt das türkische Heer mit massivem Einsatz von Truppen entgegen.

Als im Frühjahr 1991 eine Million kurdischer Flüchtlinge aus dem Nachbarland Irak in den Iran und in die Türkei drängten und dabei Tausende Menschen durch die Verfolgung von Sadam Husseins Truppen an Hunger, Krankheit und Kälte zu Tode kamen, begann im gesamten Kurdengebiet, auch in Türkisch-Kurdistan, die größte Hilfsaktion der westlichen Welt zu greifen. Auch ein Zugeständnis der Türkei an die Kurden im eigenen Land wurde mit einem Parlamentsbeschluß in Kraft gesetzt: Ab sofort wurde es den Kurden in Südost-Anatolien offiziell erlaubt, ihre kurdische Sprache im Privatbereich sprechen zu dürfen.

Erstmals sprach man in der Türkei nun nicht mehr von »Bergtürken«, sondern man besann sich auf die historische Entwicklung und Bedeutung der Kurden. Einstweilen freilich stehen die Zeichen für eine Weiterentwicklung der kurdischen Ziele eher schlecht.

Der Fortgang der künftigen Entwicklung und weitere Zugeständnisse der Türken an die Kurden werden davon abhängig sein, wie stark sich die kurdische Untergrund-Organisation, die »Partiya Karkěrěn Kurdistan«, kurz PKK genannt, weiterhin im Freiheitskampf betätigen wird. Diese ausschließlich im Untergrund und in der Nacht operierende Aktionsgruppe in der Türkei, die sich offiziell zum Terrorismus bekennt, ist die militanteste kurdische Bewegung überhaupt. Schon jahrzehntelang bekämpft die türkische Armee mit Spezialtruppen in den Hakkari-Bergen die in den Nachtstunden einsickernden Terroristen. Seit Jahren erlebe ich nachts in dieser Bergregion als Augenzeuge immer wieder das Aufeinandertreffen der PKK mit den Soldaten der Türkei. Mehrmals befand ich mich mitten in den Fronten und mußte so stundenlange Feuergefechte zwischen beiden Gruppen mitansehen. Längst müßte diese kurdische PKK-Gruppe erkannt haben, daß ein Freiheitskampf mit der Waffe noch niemals in der Geschichte Kurdistans zum Erfolg geführt hat. Noch dazu ist die Türkei heute in der Lage, aufgrund einer äußerst hohen Militärpräsenz in Kurdistan sofort Tausende Soldaten mehr in die Kampfregion zu schicken. Und solange mit Partisanenverbänden in terroristischer Art aus dem Untergrund operierend Anschläge auf Militärstützpunkte durchgeführt werden, wird es auch keine Bereitschaft seitens der Türkei zu Verhandlungen geben. Alle anderen kurdischen Gruppierungen, Parteien und Organisationen distanzieren sich vehement von der PKK. Den terroristischen Kampf um Freiheit führen sogenannte »Peschmergas«, »die dem Tod ins Auge sehen«. In der Türkei ist dies die einzige bewaffnete Einheit der Kurden, und daß es Verbindungen der PKK mit Teilen der palästinensischen Befreiungsorganisation PLO gibt, ist kein Geheimnis. Ein Bündnis der PKK mit der armenischen Befreiungsorganisation ist ebenfalls geschlossen worden, obwohl in den zwanziger und dreißiger Jahren dieses Jahrhunderts mehr als eine Million Armenier von den Jungtürken ermordet wurden, wobei auch Kurden bei der Ausführung dieser Greueltaten miteingebunden waren.

Seit 25 Jahren, anfangs aus dem Untergrund entstehend, bilden sich in Türkisch-Kurdistan mehr und mehr politische Gruppierungen. Zeitweise waren sie von linkem und linksextremem Gedankengut beeinflußt. Heute distanziert man sich davon, aber viele der etwa 20 kurdischen Gruppierungen und Parteien sind untereinander zerstritten, und das gemeinsame Ziel, eine nationale Befreiung zu erreichen, wird damit nicht gerade erleichtert.

Kurdistan wird »wilder«: zwischen
Baškale und Yüksekova.

Karasu-Aras Dağlari –
Schwarzwasser-Berge, das Quellgebie
des Euphrat – Firat Nehri – Karasu
seine Namen ım Oberlauf

»Wandernde Kontinente«, Kurdistan – ein Bild der lebendigen Erde. Die Sonnenstrahlung als maßgebliche Kraftquelle setzt klimaabhängige Prozesse in Bewegung, die wie fließendes Wasser das Relief der Kontinente formen und daher als geomorphologische Vorgänge bezeichnet werden. Erdbeben und vulkanische Aktivitäten sind sichtbare Zeichen für das Wirken verschiedener Kräfte im Erdinneren Kurdistans. Die Erde lebt!

Hakkari, »das wilde Kurdistan«: Stämme, Yaylas, Nomaden

Hakkari – Anatoliens romantischste Bergwelt und südöstlichste Provinz der Türkei, so bezeichnet man heute diese Viertausender-Region der Kurden. Dem nördlichen Mesopotamien vorgelagert, liegt Hakkari bereits seit den ersten Tagen der Geschichte im Mittelpunkt der kurdischen Entwicklung.

Die schwer zugänglichen Täler und die steil aufragenden Felswände der Hakkari-Region ergeben zusammen mit den grandiosen Gipfelformationen heute noch eine abenteuerliche Wanderung in Kurdistan. Nirgends sonst ist man so sehr im »wilden Kurdistan« wie hier auf den Hochebenen der Osttürkei. Hakkari ist ein Begriff für Kurdistan geworden. Auch deshalb, weil sich hier große Kurdenstämme entwickelten und der Pulsschlag der Kurden spürbarer ist als sonstwo. Von den Hängen dieser »wilden Berge« kamen die Kurden vor Tausenden Jahren schon talwärts, um die Bewohner der reichen mesopotamischen Ebenen zu bedrängen und zu berauben. Nach einer erfolgreichen »Razzia« zogen sich die Kurdenstämme sofort wieder in ihre Bergwelt zurück, wo sie – einer Festung ähnlich – uneinnehmbar waren. Hakkari war auch immer schon ein Nomadengebiet mit einer starken Stammesstruktur. Die Hochflächen waren Eigentum des Hakkari-Stammes. Noch vor 100 Jahren bildeten kurdische Nomadenstämme ein Drittel der Gesamtbevölkerung Kurdistans. Politisch und gesellschaftlich löst sich nun seit einigen Jahrzehnten das Stammeswesen vollkommen auf. Ein Herumziehen, ein Nomadisieren über die politischen Landesgrenzen der neuen Länder hinweg ist kaum noch möglich. Die Beziehung zum Stamm und seinen Traditionen ist nur noch in den Hakkari-Bergen bis heute teilweise erhalten geblieben. Daran änderte auch die starke türkische Militärpräsenz in der Stadt Hakkari nichts.

Ein kurdischer Stamm, dessen Vorstand der Beg, Bey oder Khan ist, entwickelt sich aus den verschiedenen Clans, welche wiederum eine Unterteilung aufweisen. Der Clan-Chef, auch heute noch mit Ağha bezeichnet, besitzt zusammen mit dem Stammesführer große Befugnisse im Volk. Auch den kurdischen Frauen ist es prinzipiell nicht verwehrt, in den Rang eines Begs oder Ağhas aufzusteigen. Unstimmigkeiten innerhalb von Kurdengruppen, sei es im Stamm oder in der Clan-Sippe, werden ausschließlich von den jeweiligen Führern geschlichtet. Nur in religiösen Belangen tritt ein eigener Repräsentant der islamischen Religion, der Sheik, als Autorität in Erscheinung. Auch er hat unter sich noch Mollas, die Priester, und Seyyids als sogenannte Nachfolger des Propheten zur Beratung. Eine wirtschaftliche Position besitzt die Geistlichkeit zwar nicht, aber es ist wohl unumstritten, daß es bei den Sheiks eine ungleiche »Reichtum-Verteilung« immer noch gibt. Mit der starken Einflußnahme des jeweiligen Staates verschwindet aber das Nomadentum in Kurdistan nun zusehends.

Eine Abwendung von der »Wanderviehzucht« ist bei den Kurden in der Hakkari-Bergregion noch nicht so stark zu bemerken wie in den Nachbarregionen. Zu gering ist die Möglichkeit einer ortsfesten Herdenviehzucht. Man versucht somit, zu den jeweiligen Jahreszeiten nutzbares Weideland zu finden. Als Halbnomaden ziehen die Kurden Anfang Sommer mit dem gesamten Vieh ins Hochland, wo sie immer wieder brauchbare Weideplätze beanspruchen. Während des Sommers leben die Kurden wie »echte Nomaden« in Zelten. Ihre Zeltlagerplätze, Yaylas genannt, liegen an günstigen Stellen, wo einerseits Wasser, meist in Form von Quellen, genutzt werden kann, aber auch der Schutz der Herden gesichert ist. Yayla, Sommerweide, eine alttürkische Benennung, bezieht ihre Wurzeln aus dem Wort Yay für Sommer.

Die Bodennutzung der Sommerweiden in den Hakkari-Bergen, einst von den Kurden mit dem Gewohnheitsrecht der Stämme klar geregelt, bekam mit der Neuordnung des türkischen Zivilrechtes im Jahr 1926 die unveränderte Übernahme der alten osmanischen Rechtsprinzipien, worin ein fundamentaler Grundsatz für die Weidelandnutzung Gültigkeit behielt: »Alles nicht unter dem Pflug stehende Land gehört dem Sultan!« Heute sind in Kurdistan die Weidegebiete den jeweils betreffenden Bestimmungen des Bodengesetzes angeglichen worden. Für alle die Weideländereien betreffenden Streitigkeiten sind nicht mehr die Begs und Ağhas zuständig, sondern die ordentlichen Gerichte. Offiziell zumindest – aber in Kurdistan ist man von der Gerichtsbarkeit weit entfernt, räumlich wie wörtlich.

»Almgeher« sind in Anatolien nicht nur die Kurden. Seit Jahren zählen zu den »Yaylacilik« (Almgeher) auch Tieflandbauern und Städter, die einen Berg als »Sommerfrische« aufsuchen. Unter den Benutzern der Yaylas unterscheidet man aber sehr wohl zwischen dem eigentlichen »Göçebe«, dem Nomaden, ganz egal ob er zur yürükischen, turkmenischen, kurdischen oder tscherkessischen Volksgruppe zu zählen ist, und den neuzeitlichen Almgehern.

Die kurdischen Stämme der Hakkari-Provinz, welche noch in Tradition und teilweise auch notwendigerweise nomadisieren, legen auf ihren Wanderungen bis weit über 100 Kilometer zurück. Die Wanderung ist ein jahreszeitlicher Wechsel zwischen den Euphrat- und Tigristälern und den Bergen der Scheitelzone in Höhenbereichen um 3000 Meter.

Von den Winterquartieren ausgehend erfolgt eine Art Frühlingswanderung, zunächst in Regionen, wo die Kurden für etwa drei Wochen lagern. Solche Frühlingsweiden liegen meist in einem schon schneefreien, höhergelegenen

Tal. Erst im Juni erlauben es die Wetterverhältnisse, daß die Sommerweiden bezogen werden. Der wetterbedingte Rückmarsch in die Winterquartiere erfolgt bereits Anfang September.

Noch vor wenigen Jahrzehnten waren Wanderungen dieser Art bei den Kurdenstämmen ein fixer Teil des Jahresablaufes. Alteingesessene und bekannte Stämme – viele von ihnen wurden 1908 von Sykes und Frödin erforscht – haben ihre Namen heute verloren oder haben keine Bedeutung mehr. Es wäre nicht Kurdistan, würde man diese berühmten Stämme nicht mehr nennen, da einige Nachfahren von ihnen ja immer noch nomadisieren. Bedeutung in Türkisch-Kurdistan hatten vor allem die Stämme Garisan, Batovan, Davudian, Düdüran, Tayan, Herki und andere.

Nutzbare großflächige Hochalmen, Yaylas, befinden sich unter vielen anderen in der Hakkari-Region bei Yüksekova, im Dreiländereck Semdinli, entlang der Tanintanin-Berge zwischen den Städten Hakkari und Uludere. Geçitli und Suvarihalil mit dem Umfeld von Beytüşşebap ergänzen noch eine ganze Reihe von wildromantischen Regionen und Dörfern der Kurden.

Jahrelang besuchte ich zu allen Jahreszeiten diese schöne Region Kurdistans. Unzählige Male durfte ich die Gastfreundschaft der Kurden annehmen, und im gleichen Maße empfing ich all diese Annehmlichkeiten und die Herzlichkeit auch von den Türken im Osten des Landes. Offiziell ist es das Land der Türken, aber jeder weiß, man spricht von Kurdistan, dem Land der Kurden.

Wind und Wetter formen die Kurden-Berge

In den politischen Grenzräumen Kurdistans sind schon vor Jahren Prozesse eingeleitet worden, deren Auswirkungen und Schäden nicht mehr abwendbar sind. Durch die zwangsweise Absiedlung der Kurden im irakisch-türkischen Grenzstreifen folgt in diesen nun brachliegenden, ungenutzten Regionen eine verstärkte Oberflächenveränderung.

»Windhosen« (Tromben), die bei Hochdruckwetter infolge Konvektion entstehen, und vermehrt auftretende Staubstürme, welche die ersten herbstlichen Zykloneinbrüche einleiten, verblasen nun die abgetrocknete und nicht bewirtschaftete Bodenkrumme. Auch in anderen Regionen Kurdistans sind diese Winderosionsschäden bereits weit fortgeschritten. Im besonderen ist zwar die Türkei derzeit landesweit bemüht, Wälder aufzuforsten und Bewässerungskanäle durch das Land zu legen, aber trotzdem kann die Vegetation sich nur schwer festigen bzw. erholen.

In Kurdistan hat der Mensch seit dem Neolithikum vor fast 10.000 Jahren mit Ackerbau und Viehzucht begonnen und die natürliche Vegetationsdecke immer wieder verändert, genutzt und zerstört. Durch Entwaldung, Überweidung und Beackerung wurde der Boden fortschreitend seines Schutzes beraubt. Die Folge ist, daß zusätzlich zu all diesen schwer zu unterbindenden Auswirkungen einer Erosion bei starken Regenfällen, die in Kurdistan nicht selten sind, Bodenabspülungen auf allen »gestörten Flächen« auch noch große Schäden anrichten. Heftige Gewitterregen, wie sie im Sommer im Wolkenstaubereich zwischen den heißen, trockenen arabischen, und den kalten, feuchten Schwarzmeer- bzw. Kaukasus-Luftmassen in der Hochgebirgsregion Hakkari auftreten, konnte ich mehrmals miterleben. Flüsse, wie der große oder der kleine Zab, füllen sich innerhalb weniger Viertelstunden randvoll mit tiefbraunem, teils rötlichem Wasser, angereichert mit jener Bodenkrumme, die in Kurdistans Bergen immer mehr verschwindet. Talböden und Beckentäler werden bei Starkregen überschwemmt, und in ihnen lagert sich zunächst ein beträchtlicher Teil des angeschwemmten Feinmaterials ab. Aus diesen Senken beginnen dann »Windhosen« das Material abzusaugen, und eine Verfrachtung der Staubmassen, also ehemaliger Bodenkrummen ist somit im Gange.

Alle Wetterabläufe, auch das Klima der kurdischen Bergregion von Hakkari bis hin zum Ararat, werden von großen Druckzonen der Atmosphäre gesteuert. Einflüsse des sommerlichen, vorderindisch-südiranischen Monsuntiefs und des winterlichen, kontinentalen Hochdruckwetters über Zentralasien mit Kern über Sibirien haben dabei die größte Bedeutung. Den Winter kennzeichnet im Jänner ein außerordentlich starkes, ausgedehntes Hochdruckgebiet über Nordasien, und das bringt dem Hochland klirrende Kälte mit Temperaturen unter minus 25° Celsius. Lokal noch weiter absinkende Temperaturen sind in Kurdistan keine Seltenheit und nichts Ungewöhnliches. Das Niederschlagsmaximum liegt eher im Frühjahr und erreicht in der Hakkari-Region im Bereich der 4000 Meter hohen »Cilo- und Sat-Berge« einen Höchstwert. Die schicksalshaften Frühlingstage des März 1991 brachten die dramatische Flüchtlingswelle der irakischen Kurden im Dreiländereck Irak – Iran – Türkei zum leidvollen Zwangsaufenthalt, als der Winter nochmals in Kurdistan einzog. Was der Winter im nördlichen Kurdistan an tiefen Temperaturen hält, verspricht der Sommer mit Höchstwerten über 40° Celsius im Schatten. Nur auf den Hochebenen der Yaylas wird der Sommer erträglich, ja beinahe mitteleuropäisch.

Kurdistan im »Grenzbereich – und alles geht den Berg hinab«. Erosion, eine zerstörerische und zugleich formende Kraft, erhält in »labilen« Gegenden auch durch die Absiedelung, was gleichzeitig Aufgabe der landwirtschaftlichen Kultivierung bedeutet, zusätzliche Nahrung. Wasser, Eis und Wind, Hitze und Kälte verändern die lockere und feste Oberfläche der kurdischen Berge. Es ist das Schicksal der Erde, den Weg zur Wüste zu gehen.

Hakkari-Berge – Hakkari-Dağlari:
Uludoruk, Buzul Dağı, Kara Dağı, Sümbül Dağı ..
Die Berge der Kurden haben vieles gemeinsam: sie erreichen
mehr oder weniger 4000 Meter Höhe, und sie alle gehören den
Kurden, immer schon und immer noch

Straßenübergang (Gečidi) bei den Altin-Goldbergen
zwischen den Städten Hakkari und Uludere. Die über
3000 Meter hohen Berge bilden das Grenzgebiet
zwischen Türkei und Irak.

Das Zelt: Schutz und Lager der Nomaden

Gemeinsam wandernde Gruppen von Familien bezeichnet man in Türkisch-Kurdistan mit »Kabile« oder die Großfamilie mit »Aile«. Zusammen zeltet man auch, die Gruppe darf nicht zu klein sein, weil sonst die selbständige Verteidigungsfähigkeit nicht gewährleistet ist. Den Raub einer Herde zu verhindern oder sich gegen umherstreunende Wölfe zu schützen, ist immer noch vorrangig. Eine zeltende Kurdengruppe darf aber auch nicht zu groß sein, weil sich selten zusammenhängendes Weidegebiet findet, das eine große Stückzahl an Tieren satt werden läßt.

Eine intakte Nomadengruppe umfaßt im Durchschnitt 20 bis 100 Zelte. Die Größenordnung ist also die eines Dorfes. Das spärliche Hausgerät und dazu einige Getreidevorräte werden mit auf die Berge genommen. Die optimalen Weideplätze rücken mit der fortschreitenden Schneeschmelze allmählich in höhere Lagen, und weitere Verlegungen des Lagers werden meist notwendig. Die einfachste transportable Wohnstätte ist unter diesen Umständen natürlich das Zelt.

Schwarze Ziegenwolle, einzeln in Bahnen gewebt und dann zu zehn Stück parallel zusammengenäht, ist der Hauptbestandteil eines rechteckigen, etwa 5 x 10 Meter großen Zeltdaches. Über einige Holzstützen gespannt steht das typische schwarze Zelt der Kurden. Einen Schutz gegen extreme Temperaturen bietet dieses Zelt wahrlich nicht. Da es nur als Sommerzelt verwendet wird, bleibt es auf einer Seite offen und kann meist gar nicht geschlossen werden. Ein Absichern des Besitzes ist nicht notwendig.

Die Ziegenhaardecken sind zwar luftig, nach dem ersten Tropfen eines Regens saugen sie sich aber voll mit Wasser und bieten nun nur mehr bedingt für längere Zeit hinreichenden Schutz.

Eine mechanische Festigkeit und eine gewisse Sicherung gegen unwillkommene Tiere erreicht man durch das Anbringen eines kleinen Walls aus Steinen und darübergelegten Zweigen, Dornsträuchern etc. rund ums Zelt.

Einzelne Ziegenhaar-Zelte abseits der Gruppe wird man nicht antreffen, da es ein soziales Gefüge darstellt, in der großen Gruppe zu leben, und dies aus einer Zeit stammt, in der die gemeinsame Verteidigung des Lagers und der Weidegründe primäres Anliegen der Kurden war. Die Anordnung der Zelte im Lager unterliegt keinen Prinzipien, es hat aber den Anschein, ein »Haufenlager« zu sein. Auch das Zelt des Ağhas liegt nicht unbedingt zentral. Genausowenig stehen die Zelte verwandter Familien nebeneinander. Die Atmosphäre im Inneren einer solchen Sommerwohnstätte auf den 4000 Meter hohen Hakkari-Bergen ist in Verbindung mit der großartigen Gastfreundschaft der Kurden nicht nur unbeschreiblich, sie ist auch unvergeßlich.

Als »Haus der Steppe« wurde in mesopotamischen Keilschriften das Zelt bezeichnet, ein Epos spricht voller Mitleid von jenen Bergbewohnern, die »keine Städte und keine Häuser« kennen. Wandbilder aus dem Audienzsaal des Assyrerkönigs Assurbanipal dokumentieren die Verachtung der Seßhaften gegenüber den Zeltbewohnern.

Abraham zeltete schon im 18. Jahrhundert v. Chr. und zog als Nomade durchs Land. Auch aus mesopotamischen Schriften überliefert heißt es: »Ein Zeltbesitzer ist jedem Fremden gegenüber verpflichtet, ihm Asyl zu gewähren, sobald es diesem gelingt, seinen Mantel auf das Zelt zu werfen.« Das Gewand galt als Teil der Persönlichkeit. Drei Tage Schutz und kostenloser Aufenthalt war dem Fremdling sicher. Verließ er das Zelt, war er immer noch kein Freiwild, denn weitere drei Tage hatte ihm der Gastgeber seinen Schutz angedeihen zu lassen, nämlich so lange, »bis das Salz, das er im Zelt gegessen hatte, aus seinem Magen wieder ausgeschieden wurde«.

So romantisch uns Europäern das Leben im Zelt auch vorkommt, wenn nachts in den kurdischen Bergen die Schakale heulen, so bedeutet es für die Nomaden auf den Yaylas genau das Gegenteil. Keine Zeit für Romantik bleibt den Frauen bei ihrer täglichen Arbeit. Nach dem Wurf der Lämmer beginnt die Produktion der Käse-Vorräte. Das Vieh muß innerhalb des Weideareals täglich an die optimalen Weideplätze getrieben und zum Melken wieder zurück zum Lager gebracht werden. Während der Sommerzeit sind die Kurden-Frauen fast ständig mit der Verarbeitung der Viehprodukte beschäftigt. Melken und die Milchverarbeitung, Spinnen des Ziegenhaares, Weben von schwarzen Bahnen für Zelte und Säcke, dazu Verspinnen von Schafwolle für die eigene Kleidung und nicht zuletzt auch die Versorgung der Kinder sowie der Familie obliegen der kurdischen Frau.

Erst im Herbst, wenn die Weiden unergiebig werden und die kalte Witterung einsetzt, beginnt man, die Rückwanderung einzuleiten. Das Erbe nomadischer Vergangenheit ist heute im kleinen noch vorhanden, ob jedoch in einigen Jahrzehnten davon noch etwas übrig sein wird, kann mit Recht bezweifelt werden. Das wilde Kurdistan der Nomaden und Yayla-Bauern wird in ein arbeitsloses städtisches Umfeld einfließen.

Die Zelte der Kurden, aus Ziegenhaar gewebt, werden über ein Stangengerüst gespannt. Mit diesen luftigen Zelt-Konstruktionen bewohnen die Kurden mehrere Monate lang die 3000 Meter hohen Almen.

Auf den Höhenrücken im gebirgigen Südost-Anatolien liegt noch im August der Schnee des vergangenen Winters. Eine mehr als 100 Kurden zählende Nomadengruppe nützt die idealen Weidegründe auf der Yayla. Die Nomadenvölker Kurdistans beherrschen seit 8000 Jahren die Berge Kurdistans, ihre Tradition geht aber dem Ende zu.

Yayla, Hochalm.

Als »Haus der Steppe« wurde im Flachland zwischen den Flüssen das Zelt von den Sumerern bezeichnet. Keilschrift-Überlieferungen aus Mesopotamien zeugen voller Mitleid von jenen Menschen, die »keine Städte und Häuser« kannten.
Das Zelt ist innerhalb dieser 8000 Jahre Kultur-Entwicklung nicht verschwunden, aber die Mitleidshaltung beim Anblick eines Zeltes ist geblieben: Zeltstädte am Ende des 20. Jahrhunderts sind Stätten nach Katastrophen und »Behausungen« von Flüchtlingen geworden.

181

»Peschmerga« –
»dem Tod ins Auge sehen«:
für ein freies Kurdistan?

Peschmerga-Gruppe, »Kämpfer« für ein freies Kurdistan. Eine sagenhafte Romantik geht vom kurdischen Volk aus. Ihre Gastfreundschaft und ihre schlichte Lebensform, teils immer noch halb nomadisierend, wird trotz der Tragik, die dem kurdischen Volk widerfährt, keinem Gast vorenthalten bleiben.

»Und Allah wird euch reich machen
an Gut und Kindern.«
Koran, 71. Sure, Vers 11

Haufendörfer

Aus der Zeit der frühesten menschlichen Ansiedlungen, dem Neolithikum vor etwa 10.000 Jahren, blieben nachhaltige Spuren. Eine Bautechnik, bei der rechteckige Häuser aus luftgetrockneten Lehmziegeln errichtet wurden, wurzelt in diesem Zeitabschnitt und ist bis heute in den Bergregionen als Vorbild geblieben. Bäume des winterharten Trockenwaldes und Grundwassergehölze, wie Eiche und Pappel, Ulme und Wacholder, werden als Bauholz beim Bau der kompakten Häuser der Haufendörfer verwendet.

Die Lebensdauer eines luftgetrockneten Lehmhauses liegt bei 50 Jahren, was aber nicht bedeutet, daß die Bausubstanz ohne regelmäßige Reparaturarbeiten so lange halten würde. Nach jedem Niederschlag, im Winter können dies mehrere Meter Schnee sein, muß nicht nur der Schnee täglich abgeschaufelt werden, sondern eine der wichtigsten Arbeiten besteht im ständigen Dichten der Hausdächer. Flachdächer, ebenfalls aus gewalztem Lehm, behalten ihre Undurchlässigkeit nur durch das wiederholte Behandeln mit der Steinwalze. Dieser Haustyp und die Haufendörfer gelangten aus dem persischen Raum über Kurdistan und Anatolien auch nach Nordafrika zu den Berbern im Atlasgebirge. Diese Wohnform hat mit ihren sozialkommunikativen Elementen natürlich auch eine große Schutzfunktion. Das Einfallen von Wildtieren ist im strengen anatolischen Winter keine Seltenheit. Wölfe und Bären ziehen im Winter – vom Kaukasus über die iranische Hochebene kommend – weit nach Anatolien hinein. Schakale, von denen keine größere Gefahr ausgeht, erlebte ich mehrmals draußen auf den kurdischen Hochalmen.

Aus Lehm gebaute und mit Holz verstärkte Flachhäuser haben während der meisten Zeit eines Jahres im Inneren ein angenehmes Raum- und Wohnklima. Dicke Lehmwände haben dabei die Funktion eines Wärmepuffers. Am Tage braucht die Sonne lange, bis sie das Mauerwerk aufheizt – es bleibt kühl. Nachts gibt der Lehm die Wärme allmählich wieder ab. Die Tag-Nacht-Temperaturschwankungen sind dabei recht gering. Nun zeigen sich viele Kurden in den Bergen – falls sie finanziell dazu in der Lage sind – auch dem »technischen Fortschritt« nicht verschlossen und bedecken ihre Häuser nicht mehr mit Stroh und Lehm, sondern mit Blech. Wellblech wird damit zum äußeren Zeichen für Modernität, womit das Wohnklima schlechter wird, die Dichtheit aber steigt. Das neue Bauen in Kurdistan greift um sich: Yeni-köy – das neue Dorf (türkisch).

Iranisch-Kurdistan

Von der etwa 500.000 km² großen kurdischen Gesamtfläche besitzt der Iran nach der Türkei den zweitgrößten Anteil Kurdistans. In der 125.000 km² großen Region vom Grenzberg Ararat bis zum südlichen Zagros-Gebirge leben über 5 Millionen Kurden. Iranisch-Kurdistan ist in drei Provinzen geteilt, wobei man die mittlere Kurdenregion Sanandadj im Iran ganz offiziell mit Kurdistan bezeichnet. Nördlich davon spricht man von West-Aserbaidjan, und südlich liegt Kermanschah. Zur Türkei hat der Iran insgesamt flächenmäßig mit etwa 1,6 Millionen km² die doppelte Ausdehnung. Das iranische Hochland, welches als Teil des südasiatischen Gebirgsgürtels und als turkestanisch-zentralasiatische Region bezeichnet wird, weist eine Reliefstruktur auf, die sich bereits in Türkisch-Kurdistan zeigt.

Die wirtschaftlich bedeutendsten Ebenen des Irans liegen einmal im Süden am Persischen Golf und zum anderen im Norden am Kaspischen Meer. An das nördliche Elburs-Gebirge schließt sich von West nach Süd das Zagros-Gebirge Kurdistans an, dessen Höhen bis zu 5000 Meter reichen. Zahlreiche parallellaufende Gebirgsketten, zwischen denen sich kurdische Täler in Längen bis zu 100 km und Breiten von 15 km erstrecken, prägen auch im iranischen Teil das »wilde Kurdistan«. Den Iran als Gebirgsland zu bezeichnen, ergibt sich schon allein aus der Länge des Elburs-Gebirges. Im Norden des Landes beginnend, hat es Höhen bis 5670 Meter und eine Länge von über 600 Kilometer. Westlich grenzt das Bergland an Aserbaidjan und im Osten an das turkmenisch-khorrassanische Gebirge an, wo heute ebenfalls einige tausend Kurden leben.

Bedingt durch die geographische Lage und durch diese gewaltigen Gebirgsformationen ist das Klima im Iran subtropisch bzw. kontinental. An den westlichen Hängen der Zagros-Berge Kurdistans, die sich im Einflußgebiet des atlantischen Klimagürtels befinden, fallen im Winter bis zu 3000 Millimeter Niederschlag, und es folgen sehr heiße, trockene Sommertage.

Der Temperaturunterschied zwischen der höchsten Sommer- und der tiefsten Wintertemperatur kann 80° Celsius betragen. Zahlreiche Berghänge sind noch von Wäldern bedeckt, vor allem das Gebiet um den Urmia-See im Grenzgebiet zur Türkei.

Wie auch in Türkisch-Kurdistan ist das Siedlungsgebiet der Kurden reich an Bodenschätzen. Hier wie auch dort sind jedoch die meisten Rohstoffvorkommen unerschlossen. Auch im iranischen Teil Kurdistans wird Erdöl gefördert. Somit besitzen die Kurden in ihren fünf Siedlungsgebieten drei Regionen mit ergiebigen Rohölvorkommen, was ihnen aber auch im Iran keinen wirtschaftlichen Nutzen bringt.

Erinnerungen: Tanintanin Gečidi,
Kurdistan in der Türkei.

Kurdendorf, Ostanatolien

Lehm-Architektur, Stein-Architektur, Holz-Architektur
ein persischer Haustyp – eine kurdische Wohnstätte

In Kurdistan, wo mehrfach Rohöl gefördert wird und wo große fossile Rohstofflagerstätten als Energieträger vorhanden sind, heizt man aus Not mit Kuhdung. Zu den Schätzen ihrer Erde haben die Kurden keinen Zugriff.

Hausdächer der Kurdenhäuser werden im Sommer bevorzugt als Schlafstätten eingerichtet. Den Sommer über werden die Dächer zur Verbesserung der Dichtheit nur nach gelegentlichen Regengüssen gewalzt. Im Winter und Frühling wird das Walzen zur täglichen Arbeit. »Ein Hausdach ist so dicht wie seine Steinwalze läuft.«

Marillen zur Haupterntezeit Luft- und Sonnentrocknung als Konservierungsform ermöglicht eine Langzeit- Lagerung über Jahre

»... so nehmt euch zu Weibern,
die euch gut dünken,
nur zwei oder drei oder vier.«
Koran, 4. Sure, Vers 3

193

Die bunten und farbenfrohen Kleider der Kurden-Frauen, auf primitiven Webstühlen selbst gefertigt, sind großzügig geschnitten. Aufgrund unterschiedlicher Temperaturen, Klimazonen und je nach Jahreszeit ziehen die Frauen auf Kurdistans Bergen bis zu sieben Röcke an, die sie wiederum je nach Tageszeit einmal lang und ein anders Mal geschürzt tragen.

Die iranische Bevölkerung gehört zu über 90 Prozent dem schiitischen Islam an. Weitere Religionsgruppen ergeben sich aus sunnitischen Kurden, Christen und Anhängern Zarathustras sowie anderer Minderheiten. In Iranisch-Kurdistan besitzen angesehene Geistliche der Sunniten, die Sheiks, noch großen Einfluß auf die kurdische Bevölkerung.

Mahabad, die Stadt im Iran mit der größten kurdischen Bedeutung, kam 1945 zu einer außergewöhnlichen Entwicklung. Mit dem Einmarsch britischer und sowjetischer Truppen im Jahre 1941 in den Iran und der darauffolgenden Zerstörung der Schah Reza Pahlewi-Dynastie durch diese Militärallianz bewaffneten sich in den iranisch-kurdischen Bergen entlang der türkisch-irakischen Grenze kurdische Stämme mit jenen Waffen, die sie von den im Iran eingesetzten fremden Militärmächten erhalten hatten. Abmachungen zwischen den Kurden-Stämmen und den Sowjet-Truppen, wobei es einerseits um die innere Sicherheit in der Region Urmia und um Getreidelieferungen an die Sowjets als Gegenleistung ging, ermöglichten eine starke kurdische Eigenständigkeit. Stammesführern wurde erlaubt, eigene Gebiete zu verwalten. Das iranische Machtvakuum in Teheran trug zu dieser Entwicklung noch bei. Mahabad wurde so zu einer lange von den Kurden gehaltenen Stadt. Im übrigen Kurdistan waren hingegen über Jahre hinweg Kämpfe mit Regierungstruppen und der Militärallianz im Gange. 1943 gelang es einigen Kurden in der Stadt Mahabad, sie wurde inzwischen von den Alliierten nicht beansprucht, eine kleine nationalistische kurdische Bewegung zu gründen. Eine Strömung, die sofort auch auf benachbarte Gebiete und Städte übergriff.

Die Briten und die Sowjets beobachteten schon mit Sorge diese Entwicklung, aber bereits 1945 war diese nationale Bewegung öffentlich und auch erlaubt. Die Sowjets erkannten dabei ihre Vorteile und stimmten einer demokratischen Partei Kurdistans zu. Eine neue kurdische Führerpersönlichkeit, der aus dem Irak kommende, kämpferische »Molla Mustafa Barzani«, übernahm mit einer größeren Anzahl von mitgebrachten »Barzanis« die Führungsrolle in einer neu aufgestellten »Kurden-Armee«. Peschmergas wurden zu Eliteeinheiten aufgestellt, und die Kommandierenden dieser Streitmacht kleideten sich mit Uniformen, wie sie auch die noch anwesende Besatzungsmacht der Sowjets trug.

Im Jänner 1946 wurde die »kurdische Volksregierung« der Republik Mahabad ausgerufen. Diese Entwicklung in und um Mahabad wurde nur möglich, weil die Sowjets die Schirmherrschaft dafür übernommen hatten. Wenige Monate später, nach dem Ausrufen der »Kurdenrepublik Mahabad«, räumten die sowjetischen Truppen die Region und zogen ab. Im September des gleichen Jahres brachen in Südpersien Stammesrevolten aus, und die iranische Regierung besetzte unverzüglich auch Mahabad. Der kleine Kurdenstaat war bereits wieder zum Scheitern verurteilt. Einerseits gab es nun keine sowjetische Unterstützung mehr, und als weiterer Grund kam wie schon so oft in der kurdischen Politik die Uneinigkeit der Kurden dazu.

Im Dezember 1946 besetzte dann die persische Armee die Kurdenhauptstadt Mahabad, und die Republik der Kurden war somit nach einem Jahr bereits wieder zerschlagen.

Mit der islamischen Revolution im Jahr 1979 entstand auch in Iranisch-Kurdistan abermals eine neue Welle der kurdischen Nationalbewegung. Neue Führer auf kurdischer Seite und ein neuer Machthaber im Iran bewegten anfangs die nationale Strömung der Kurden in Richtung Unabhängigkeit. Die anfänglich versprochenen Autonomie-Verhandlungen zwischen Ayatollah Khomeini und kurdischen Politikern scheiterten letztendlich alle. Wenige Monate nach dem Einsetzen der islamischen Revolution bekämpfte Khomeini wieder die Kurden, ein Kampf, der auch mit dem Tod Ayatollahs im Sommer 1989 nicht endete.

Mehrere Wochen nach dem Ableben Ayatollah Khomeinis wurde der fast zugleich mit Ayatollah aus dem Exil heimgekehrte Kurdenführer und Politiker Abdul Rahman Ghassemlou in Wien ermordet. Eine Zeit, in der in Iranisch-Kurdistan Schulen geschlossen wurden, das Erscheinen von nationalen Zeitungen eingestellt und alle Publikationen kurdischer Thematik verboten wurden. Die Verwendung der kurdischen Sprache, welche immerhin zur Gruppe der iranischen gehört und somit ein Zweig der indoeuropäischen Sprachgruppe ist, wurde verboten. Ein Zustand setzte ein, wie er im Nachbarland Türkei schon seit Jahrzehnten herrschte.

Auch 1991 lehnten die Teheraner-Machthaber alle legitimen Forderungen des kurdischen Volkes im Lande ab, und die Tragödie dieses Volkes scheint endlos weiterzugehen. Westliche Hilfsorganisationen, die österreichische Bundesregierung vereint mit vielen privaten und staatlichen Hilfskräften, begannen Ende April 1991 im Iran mit dem Aufbau von Katastrophenschutz-Einrichtungen, um die fast eine Million aus dem Irak geflohenen Kurden vor dem unmittelbaren Tod zu retten. Aber auch dabei kam die Hilfe nicht ausschließlich nur den »flüchtenden Kurden« zugute, denn vom iranischen Staat beginnend, den alle Katastrophenschutz-Einrichtungen nach getaner

Hakkari-Hochgebirgsgruppe.
Das eindrucksvollste und zum Teil noch heute vergletscherte Hochgebirge Kurdistans liegt im östlichen Taurus im türkisch-irakisch-iranischen Grenzendreieck. Cilo Daği und Sat Daği mit ihren Nachbarbergen erreichen 4000 Meter Höhe und stellen damit die höchsten und wildesten Landschaftsformen Kurdistans dar. Der Reiz dieser rohstoffreichen Hochgebirgsregion liegt zunächst in ihrer Schönheit und in der schweren Zugänglichkeit.

Arbeit übergeben werden mußten, bis hin zu den »freiwilligen Helfern«, die sich wiederum größtenteils mit mehreren zehntausend österreichischen Schillingen für vier Wochen Kurdenhilfe bezahlen ließen, verdienten eigentlich alle. Nur die Kurden standen zur Jahresmitte 1991 wieder alleine da, die westliche Hilfe wurde abgebrochen, die Militärallianz ist aus dem Irak abgezogen, und die politische Situation im problemauslösenden Land Irak ist genauso verworren wie vor dem zweiten Golfkrieg.

Die Orden für »die gute Sache« sind im Westen längst verteilt. Die Kurden stehen wieder daheim auf ihren Bergen. Ein Volk, das keine Freunde hat?

Irakisch-Kurdistan

Irakisch-Kurdistan wird auch als der Süden Kurdistans bezeichnet, obwohl es den zentralen Teil der kurdischen Entwicklung darstellt. Das Klima wird in den mesopotamischen Ebenen vom Mittelmeer beeinflußt. Die hier verhältnismäßig öfter aufkommenden Niederschläge ergeben wohl kaum eine Wasserstandszunahme in den geschichtsträchtigen Unterläufen der Flüsse Euphrat, Tigris und Zab, wohl aber eine langanhaltende Schneedecke in den »nordkurdischen Bergen« im Grenzverlauf zur Türkei. Der große Reichtum der etwa 70.000 km² großen irakischen Kurdenregion ist neben den landwirtschaftlichen Kultur- und Nutzflächen das Rohöl, von dem die Kurden jedoch noch nie profitierten.

Im Irak beträgt der kurdische Anteil der Bevölkerung etwa ein Drittel zu den übrigen, meist arabischen Gruppen. Das Land Irak weist eine Fläche von 438.000 km² auf und war in der Antike jener Teil der Erde, welcher die höchste kulturelle Entwicklung hervorbrachte.

Das im Norden des Irak liegende Bergland, eben Kurdistan, wird von wasserreichen Flüssen durchzogen, und die dortigen Beckenlandschaften ermöglichen einen ertragreichen Akkerbau. Mit Mesopotamien (Rafidain) bezeichnet man die große Euphrat-Tigris-Ebene, ein fruchtbares Schwemmland nördlich von Bagdad bis zum Schatt el-Arab am Persischen Golf. Wirtschaftlich besitzt diese Region die höchste Bedeutung, und auch die stärkste Bevölkerungsdichte kann man hier finden. Ein weiteres irakisches Teilgebiet bezeichnet man mit Djesira, eine schon eher halbwüstenförmige Nomadenregion, die sich auch als Siedlungs- und Weidegebiet in den Südwesten und Westen des Landes erstreckt. Hier hält sich über das ganze Jahr ein Wüstenklima, während in Irakisch-Kurdistan, in den nördlichen Regionen, regenreiche Herbst- und Wintermonate vorkommen. Die 4000 Meter hohen Berge, die zur Türkei hin verlaufen, können länger als ein halbes Jahr mit Schnee bedeckt bleiben. Die geographischen wie auch klimatischen Gegebenheiten im Irak sind genauso unterschiedlich wie die beiden großen Bevölkerungsgruppen der Araber und Kurden im Land. Was diese beiden ethnischen Gruppen einst in der Vor- und Frühgeschichte zeitweise geeint hatte, zerreißt nun seit Jahren die »Djamhuri al Iraq« – die Republik Irak mit ihrer Politik. Waren vor zehntausend Jahren die Vorfahren der Kurden noch dabei, eine »Kultur des Menschen« zu entwickeln – denken wir nur an die im Nordirak, in der Kurden-Region Sulaimanya gelegenen ersten dörflichen Siedlungen »Garmu« oder »Dscharmo« und »Karim Schahir« –, so erfuhr die Weltöffentlichkeit im Frühjahr 1988, ohne eine Regung oder Reaktion zu zeigen, daß ein Regime im Irak daranging, nicht nur die Wohnstätten der Menschen im Gebirge, sondern den kurdischen Menschen überhaupt zu vernichten.

Nicht weit entfernt von diesen »ersten Dörfern« unserer Erde, im heutigen irakischen Kurdendorf Halabscha, tötete an jenem Frühlingstag im April 1988 das irakische »Sadam-Regime« etwa 5000 Kurden durch einen Giftgasangriff aus der Luft. Tausende Frauen, Kinder, Zivilisten-Männer und Peschmergas lagen vergast, getötet im Dorf. Mütter und Väter warfen sich noch während des Giftgas-Einsatzes der Irakis auf ihre Kinder, um ihnen Schutz zu geben, aber sie hatten keine Chance, dem Senfgas-Tod zu entkommen. Die Bilder dieser entsetzlichen Tat gingen anschließend um die Welt, aber eine große Reaktion oder Konsequenzen blieben aus. Weiterhin rüsteten die Industrieländer das Militär-Regime auf, weiterhin wurde Giftgas geliefert und die dazu notwendige Technologie an den Irak verkauft.

Fünf Monate nach dieser Greueltat ging im Spätsommer 1988 der erste Golfkrieg Iran–Irak zu Ende. Während dieser Zeit befand ich mich mit meiner Familie auf den kurdischen Bergen der Hakkari-Region in Türkisch-Kurdistan. Das irakische Militär wurde damals durch einen von der UNO vermittelten Waffenstillstand entlastet und setzte mit der gebliebenen Kraft eine ungeheure Hetzjagd gegen die vom Giftgas verschont gebliebenen Kurden ein. Man beachte die Parallelen mit dem Ende des zweiten Golfkrieges und der darauffolgenden Kurdenjagd! Vom internationalen Nachrichtenfluß weit entfernt biwakierte ich mit meiner Familie auf einer 4000 Meter-Hochebene der Hakkari-Berge und konnte nicht erahnen, warum es in diesen August- und Septembertagen 1988 zu einem ersten großen Flüchtlingsstrom kam. Hunderttausende Kurden befanden sich in den darauffolgenden Wochen auf der Flucht und strömten in die Türkei, wo sie letzt-

»Auch die kleinsten Quellen
werden ein Fluß.«
Kurdisches Sprichwort

Großer Zab, ein Nebenfluß des Tigris in der Hakkari-Region. Brücken aus Pappelholz erfüllen ihren Zweck. Kurden stellen keine großen Ansprüche, um über Flüsse zu gelangen. Sie sind kaum motorisiert, aber trotzdem sehr mobil. Politische Landesgrenzen wollen sie nicht anerkennen, und ein Fluß als Grenze ist ihnen dabei kein Hindernis.

endlich in großen Auffanglagern gesammelt wurden. In dieser Entwicklungsphase des ersten großen Flüchtlingszuges in Richtung Türkei befanden wir uns gerade auf dem Suvarihalil-Gečidi, einem Gebirgsübergang in der Umgebung von Uludere, um noch während der Abenddämmerung einen entsprechenden Übernachtungsplatz zu finden. Dabei stießen wir auf eine etwa 30 Personen umfassende, aus dem Irak flüchtende Kurdengruppe, in deren Mitte man soeben versucht hatte, einem auf einer Trage liegenden Kurden eine erste bzw. letzte Hilfe zu geben. Diese Kurdengruppe setzte nun alle Hoffnung auf meine im Fahrzeug untergebrachte Expeditions-Apotheke, und man bat mich – inzwischen konnte man mir begreiflich machen, daß es sich um ein Giftgasopfer aus Halabscha handelte –, zu helfen. Eine erfolgreiche Hilfe konnte ich nicht geben, zu aussichtslos war wohl der Gesundheitszustand dieses Kurden. Trotzdem – und wohl auch selbstverständlich – versuchte ich zumindest, auch durch meinen Willen zu helfen, den Kurden einen Eindruck zu geben, nicht allein und nicht ohne Freunde dazustehen. Nach diesem etwa einstündigen Hilfeversuch war die Dämmerung in Dunkelheit übergegangen, die kurdische Flüchtlingsgruppe zog mit ihrem Todkranken weiter, und wenig später hat uns ein Militärposten zum Übernachten vor Ort angehalten. Nur zwanzig Meter von einem mit Sandsäcken gesicherten Maschinengewehrstand entfernt bauten wir im Dunkel der Nacht unser Air-Camping auf, und wenige Stunden danach, um etwa 2 Uhr früh, begann sich ein Feuergefecht zwischen den Soldaten und anrückenden Peschmergas mit den in die Türkei flüchtenden irakischen Kurden zu entwickeln. Erst nach einem zweistündigen Feuergefecht beruhigte sich um 4 Uhr früh die Lage mit dem Beginn der Morgendämmerung. Mit Suchhunden rückten nun Mannschaften des türkischen Militärs aus, um verletzte Kurden an der weiteren Flucht zu hindern.

Auch wir waren »fluchtartig« dabei, diesen Nachtlagerplatz so schnell wie möglich zu verlassen. Stunden später haben uns, etwa 30 Kilometer entfernt, türkische Kurden entdeckt. Wir wurden eingeladen, mit ihnen auf eine Yayla, Sommer-Hochalm, mitzukommen. Noch von der Nacht-Aktion gezeichnet und mit vorerst schlotternden Knien kamen wir mit. Die Yayla befand sich unmittelbar im Grenzraum zum Irak in der Provinz Hakkari. Nun erst erfuhren wir von der Tragweite bzw. Dimension der flüchtenden Kurden, und in den nachfolgenden Wochen begann die Türkei, kurdische Flüchtlingslager einzurichten. Der Westen, die UNO und andere Organisationen hatten erstmals zur Hilfe aufgerufen.

Aus dem Irak kam die Kurdenverfolgung – in den Irak lieferten die Industrieländer weiterhin Waffen, Giftgas und technisches Know-how, Wissen, mit dem der irakische Staat nicht nur die Golfstaaten bedrohen und teilweise okkupieren konnte, sondern mit dem es auch wieder möglich war, die Kurden weiter zu verfolgen und sie aus ihren eigenen Gebieten zu vertreiben.

Die kurdischen Autonomie-Bewegungen im geschichtlichen Ablauf und die Befreiungsaktion im Irak waren nicht weniger turbulent als in den Nachbarländern. Zwei große Führerpersönlichkeiten der Kurden waren Mustafa Barzani und der im Frühjahr 1991 mit dem irakischen Regime verhandelnde Kurdenführer Dschalal Talabani. Die Flügelkämpfe und die Uneinigkeit der kurdischen Politiker erreichten aber auch im Irak kaum eine längere Phase der Stabilität. Die achtziger und neunziger Jahre dieses Jahrhunderts im Irak wurden geprägt von Autonomie-Zugeständnissen, Krieg, Giftgaseinsätzen, Deportationen und Hinrichtungen. Militärgroßmächte wie die Sowjetunion und im besonderen Amerika unter Henry Kissinger nahmen kurzzeitig großen Einfluß auf die weitere Entwicklung der kurdischen Befreiungsaktionen. Als jedoch der Beistand der USA sehr notwendig gewesen wäre, ließ Amerika die Kurden wieder fallen. Im Irak herrschte über Jahre, ja Jahrzehnte, Krieg zwischen Bagdad und Kurdistan.

Ein kurzzeitiger Frieden, wie er von Ende April 1991 bis Mitte Juli 1991 in Irakisch-Kurdistan herrschte, war nur möglich, weil eine starke militärische Abordnung der westlichen Allianz das Kurdengebiet sicherte. Kaum eine Woche nach dem Rückzug dieser Schutzmacht, noch während ich diese Zeilen schreibe, melden die Nachrichtenagenturen wieder Kämpfe im Nordirak, wobei fünfhundert tote Kurden beklagt werden. Wahrscheinlich kann man dieses Kapitel »Irakisch-Kurdistan« überhaupt nie abschließen, wo sich doch beinahe täglich eine politische und militärische Änderung ergibt.

Das Wegerecht über die Berge und durch fremdes Stammesgebiet war in der Vergangenheit oft Anlaß für Krieg und Streit zwischen den Kurden. Heute ziehen sie alle im Streben nach Unabhängigkeit am selben Strang.

Kurdische Wanderhirten standen in der Antike mit den seßhaften Bauern der Ebenen oft in Konflikt. Die Seßhaftigkeit ist heute durch Bodenreformen und andere positive Umstände sehr begehrt. Die »letzten freiheitsliebenden Stämme« ziehen wohl immer noch gerne über die Hochalmen der Berge, aber die Gewißheit, im Tal ausreichende Ernteerträge zu erwirtschaften, lockt mehr Kurden denn je zum Bauerntum.

Aber die Agrarstruktur und die Banken mi ihren Kreditaktionen für den Ankauf vor Maschinen treiben letztendlich viele von der neuen Bauern in eine finanzielle Abhängigkeit und in den Ruin

»Züchtest du Schafe, so hast du die Pflicht, zur Zeit der Schafschur und wenn die Herdentiere werfen, nach Babylon zu kommen und mit dem Steueramt abzurechnen.«
5000 Jahre alter Keilschrifttext aus Babylon, gerichtet an die Bewohner der Berge.

Das »gerupfte Schaf« war im Wert derart gemindert, daß ein Lämmchen zusätzlich abgeliefert werden mußte.

Das Ur-Schaf (ovis vignei) hatte vor 10.000 Jahren
ein glattes Borstenfell wie heute das Schwein.
Erst durch die Züchtung wurde das Schaf zum
Wollproduzenten und ist somit der einzige Reichtum
vieler kurdischer Bauern.

»Vieh erzeugt Vieh.«
Alte Hirtenweisheit aus Kurdistan

Das bekannt leichte und »geländegängige« Warmblutpferd mit
kleinem Kopf, langem Hals und schlanken Fesseln, die
»Araberrasse«, erschien erst 1000 Jahre später. Das Pferd ist
immer noch der Stolz eines jeden Kurden und der Esel derjenige,
der die »Arbeit macht«.

»Wer kein Pferd hat, sattelt den Esel.«
Kurdistan kannte schon im ausgehenden Neolithikum, gegen Ende
des 3. Jahrtausends v. Chr., das »nordirakische Pferd« (equus
caballus gmelini). Alte Urkunden aus Ur bezogen sich dabei
»wörtlich« auf den »Esel aus den Bergen der Kuti«.

Urfa, Sanliurfa, Edessa, Urhal, ar Ruha...
Die Vielzahl der Stadtnamen weist auf eine turbulente Geschichte der jetzigen
türkischen Provinzhauptstadt hin. Nahe an der syrischen Wüste liegt diese Stadt, deren
Reichtum und Pracht weltbekannt war und so den Neid aller Nachbarn hervorrief.
Turbulent ist heute noch das Gemisch der Menschen von Urfa. Araber, Türken und
Kurden siedeln gemeinsam mit Juden und Christen im äußersten Südosten der Türkei.

Bazar – ein Herzstück jeder orientalischen Stadt.
Der Handel unterliegt den Gesetzen des Lebens und der Religion weit mehr, als den kaufmännischen Gepflogenheiten der westlichen Welt. Die unmittelbare Nähe zur arabischen Welt spiegelt sich sehr im Marktleben Kurdistans wider.

Angebot, Treiben und Flair sind orientalisch, wie es nicht stärker und schöner sein könnte. Nicht alle Stadt-Kurden sind jedoch in der glücklichen Lage, den Bazar als solchen zu erleben, weil ihnen die Dinare und Lira dazu fehlen.

Arabische Staatsbildung: Der Irak

Die neuen Machthaber, Siegermächte wie sie sich nannten, Frankreich, England und Rußland bemühten sich nach dem Ersten Weltkrieg, mit der Aufteilung Kurdistans eilends auch die Araber in ihre Strategien einzubinden. Den Aufstand in der Wüste mit Lawrence von Arabien, einem britischen Offizier, forcierte man besonders. Ein Sieg sollte gleichzeitig einen arabischen Staat entstehen lassen. Der Zusammenbruch des Osmanischen Reiches fand statt, auch der Sieg darüber gelang. Aber an eine versprochene »Arabische Staatsbildung« wollten sich die vorher genannten Großmächte nun nicht mehr erinnern. Die Aufteilung der Türkenregion war bereits vorher geheim beschlossen worden. Unter anderem fiel der Irak den Engländern zu, und Kurdistan bekam ebenfalls seine Schnittlinien.

Nicht nur die Kurden rebellierten, weil sie geteilt wurden, auch im Süden war die Bevölkerung wegen der Nichterfüllung der versprochenen arabischen Staatenbildung aufgebracht. Die Engländer, um eine Ersatzlösung nicht verlegen, setzten 1921 den aus Saudi-Arabien stammenden haschemitischen Emir Faisal als König im Irak ein. Eine Revolution im Jahre 1958 beendete diese Monarchie im Zwischenstromland.

Mit General Abd el-Karim Kassem entstand die neue Nation Irak, eine Republik. Drei Jahre zuvor hatte man sich zum Bagdad-Abkommen, einem Verteidigungs-Pakt der Länder Irak, Iran, Pakistan, Türkei und Großbritannien, entschieden; wenig später kamen noch die USA dazu. Mit der haschemitischen Monarchie Jordanien gab es einen Zusammenschluß zur Arabischen Föderation. Ähnliche Unstimmigkeiten wie bei den Kurden im Norden des Landes zerrüttelten auch den neuen Irak. Machtkämpfe des Militärs und andere Turbulenzen in der Regierung führten wieder zu Konflikten, welche schon in der Urgeschichte des Zwischenstromlandes begannen und bis heute andauern.

1959 trat der Irak aus dem Bagdad-Abkommen aus. 1961 stritt man sich mit Kuwait um Gebiete und um die Grenze, und zwei Jahre danach putschte General Muhammed Aref. General Kassem wurde dabei getötet. Die Baath-Partei, schon Jahre zuvor gegründet, verlor nun fürs erste ihre Vormachtstellung. Mit dem nächsten Staatsstreich, unter General Hassan al-Bakr, formte sich die Baath-Partei neu, und sie kam als sozialistische panarabische Baath-Partei wieder an die Macht. Freundschaften mit der Sowjetunion und mit Syrien folgten. General al-Bakr trat 1979 zurück, und sein damaliger Vizepräsident Sadam Hussein al Takriti (nach seinem Geburtsort Takrit so benannt) übernahm den Staatspräsidentenplatz.

Im Verlaufe dieser turbulenten Staatsentwicklung im Süden des Irak wurden die Kurden im Norden des Landes fast pausenlos niedergekämpft. Es machte keine großen Unterschiede, wer gerade in Bagdad als General das Sagen hatte, die Kurden waren immer wieder die Opfer.

Mit dem Regierungsantritt von Sadam Hussein trat nun der alte Grenzkonflikt mit dem Nachbarn Iran aus dem Jahre 1823 wieder an die vorderste Stelle. Die Revolution im Iran brachte 1979 Ayatollah Khomeini wieder nach Persien, seine Haßgefühle gegen den Irak wurzelten jedoch im Zwischenstromland. Denn 15 Jahre vor der iranisch-islamischen Revolution wurde Ayatollah Khomeini vom damaligen Schah Reza Pahlewi aus seinem Wohnort Ghom hinausgeworfen. Khomeini ging zuerst in die Türkei nach Bursa ins Asyl, und ab 1955 gewährte ihm der damalige irakische Präsident Aref in der heiligen Stadt Nejef ein neues Domizil.

Khomeinis Ziel war vorerst der Sturz des Schah-Regimes in Teheran. Der Schiiten-Führer agierte nun vom Irak aus, und die sunnitische irakische Regierung befürchtete immer stärker, daß von der Stadt Nejef aus, die ebenfalls eine schiitische heilige Stätte war, Unruhen unter der eigenen, mehrheitlich schiitischen Bevölkerung entstehen könnten. Sadam Hussein, der selbst schon Gelüste eines großen Führers verspürte und 1978 noch Vizepräsident des Revolutionsrates war, verwies Khomeini – der nun schon im Irak unter Hausarrest stand – aus dem Lande. Ayatollah ging, nachdem auch Kuwait ihn abgelehnt hatte, nach Frankreich ins Exil. Der Haß Khomeinis gegen Sadam Hussein, weil ihn dieser aus der schiitischen heiligen Stadt Nejef hinausgeworfen hatte, war entsprechend groß und verebbte nicht mehr. 1979 kehrte Ayatollah Khomeini, unterdessen war Schah Reza Pahlewi gestürzt worden, als islamischer Revolutionsführer in den Iran heim. In dieser euphorischen revolutionären Stimmung im Iran wurde das Nachbarland Irak bereits heftig provoziert. 1980 begann der Irak einen zuerst vermeintlichen in Kürze erledigten Blitzkrieg um die seit 1823 strittige Grenze am Schatt el-Arab: Der Iran sollte gefälligst die »irakische Souveränität« und den Willen der irakischen Nation respektieren!

Niemand hätte erwartet, daß aus dem geplanten Kurzkrieg des Irak gegen den Iran ein acht Jahre andauernder Kampf entstehen sollte. Eine Million Menschen opferte man dem Krieg, einen Sieg gab es trotzdem nicht. Die UNO vermittelte am 20. August 1988 einen Waffenstillstand, und noch am selben Tag gingen die Truppen von Sadam Hussein mit der gesamten verbliebenen Stärke wieder gegen die Kurden im Norden vor. »Halabscha« war der vorläufige Gipfel unzähliger vorangegangener Giftgasanschläge gegen Menschen, gegen Iraner und dann gegen Kurden.

Urfa, in sumerischen und hethitischen Keilschrift-Texten schon erwähnt, hatte auch in der weiteren Geschichte des Vorderen Orients als Kulturstätte große Bedeutung. Alle Anrainer-Staaten und Reiche, die im Orient eine hohe Entwicklung erlebten, nahmen sich der Stadt Urfa an und eroberten sie meist umgehend. Der berühmte Kurde Saladin war im 12. Jahrhundert Herrscher der Stadt.

Aus der römisch-parthischen Epoche und aus der zuvor hellenistischen Zeit finden sich in Urfa heute noch Details wie die beiden Säulen mit korinthischen Kapitellen in der Oberstadt. In der türkischen Stadt Urfa dominiert arabische Architektur gemeinsam mit arabischer Mentalität.

Diyarbakir – Amida,
Stadt am Tigris und einer der ältesten Siedlungsorte in Südost-Anatolien, ist heute
inoffizieller »Hauptort« der Kurden. Mehr als fünf Kilometer umschließt eine schwarze
Basaltmauer »Kara Amid«, so die alte Bezeichnung der Stadt. Über siebzig Wehrtürme
blieben aus dem 6. Jahrhundert, der Entstehungszeit dieser Schutzmauer, erhalten.
Die Kurdenstadt Diyarbakir wird zusehends wieder zur Drehscheibe der Kurdenpolitik

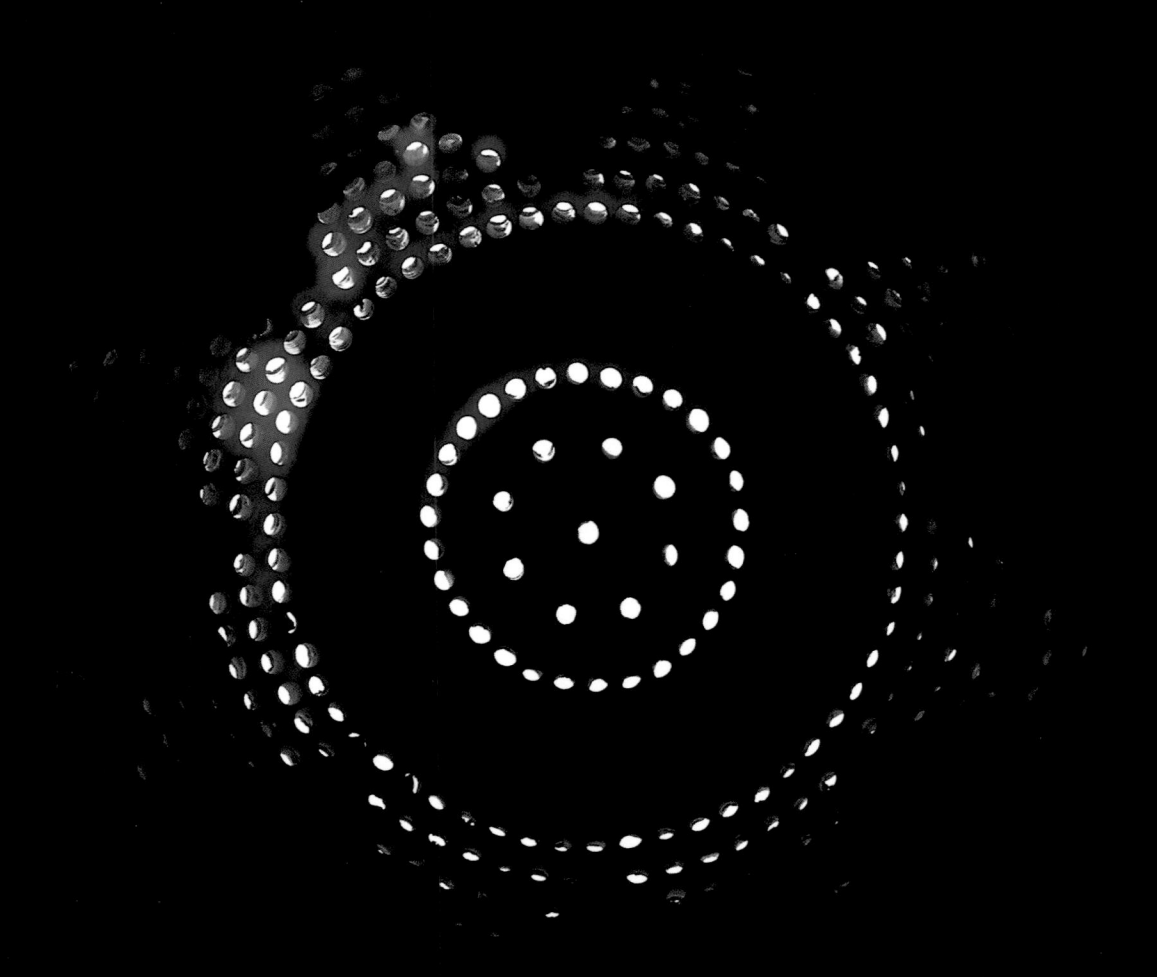

»Wenn du wissen willst,
wie das Licht wirklich ist,
geh ins Dunkel einer Moschee.«

Diyarbakir
Kurdische Männertracht
ein Stolz der Herren

Syrische Kurdengebiete

Die syrischen Kurdengebiete grenzen an die beiden Nachbarn Irak und Türkei. In der südlichen Verlängerung Türkisch-Kurdistans siedeln auf syrischem Staatsgebiet fast eine Million Kurden. Es ist eine auf drei Regionen aufgeteilte, teils ebene Fläche. Eine Ausnahme bildet das kurdische Berggebiet »Kurd-Dagh« nordöstlich der Stadt Aleppo. Die politische Grenzziehung in diesem Teil Kurdistans erfolgte ebenfalls 1921, als Frankreich den Raum Syrien zugeteilt bekam. Syrisch-Kurdistan mit seinen Ebenen und mit seinem wesentlich milderen Winterklima, im Vergleich zu den hochwinterlichen Zuständen in Zentralkurdistan, hatte in der Antike schon wegen der Weidegründe eine große Bedeutung. Der Euphrat-Fluß mit seiner über 2500 km Länge, ehe er sich mit dem Tigris vereint, entspringt im türkisch-kurdischen Gebiet und fließt über die syrisch-kurdische »Pinar-Region«, ein kleines aber konzentriertes Kurden-Siedlungsgebiet in türkischer Grenznähe, südostwärts in den Irak weiter. Am östlichen Ufer dieses Flusses befinden sich über 100 Kurdendörfer. Als drittes Kurdengebiet in Syrien bezeichnet man den Grenzraum zum Irak auch mit Djesira. Einer ca. sieben Millionen Menschen zählenden arabischen Gesellschaft stehen in Syrien über zehn Prozent Kurden gegenüber. Zusammen mit anderen Minderheiten im Lande dürfen sich die Kurden seit dem Amtsantritt des syrischen Präsidenten Hafez al-Assad auf jeden Fall freier bewegen und entwickeln als in den Nachbarländern, wenn auch offiziell die Regierung für die Kurden keine Partei ergreift. Ein Zustand, den man zwar duldet aber nicht als zukunftssicher bezeichnen kann. Rechte besitzen die Kurden somit auch in Syrien nicht, und sie werden genauso wie in den Nachbarländern aus den Grenzräumen zur Türkei und zum Irak ausgesiedelt.

Dies ist umso mehr verwunderlich, da doch auch der syrische Präsident Assad einer Minderheit im Lande angehört. Die Alewiten, eine kleine schiitische, etwa eine Million Anhänger zählende Bevölkerung, besitzen in Syrien immerhin eine so große Bedeutung, daß sie den Präsidenten stellen können. Ob aber mit der regierenden Baath-Partei den Kurden in Zukunft Rechte zukommen werden, konnte Mitte des Jahres 1991 noch niemand erahnen. Auch wenn sich seit dem zweiten Golfkrieg Hafez al-Assad mit seinem Volk gegen den irakischen Baath-Partei-Freund Sadam Hussein gestellt hat, und Syrien somit eine Siegermacht wurde, bleibt die Kurdenpolitik im Lande ungewiß. Zu einer geschlossenen Kurdenregion wird es in Syrien auch nicht kommen können, da durch mehrmalige Grenzänderungen zwischen den Kurden auch Araber siedeln. Die drei Kurdenregionen Syriens sind also Ausläufer Türkisch-Kurdistans geblieben, und man wird sie richtiger als kurdische Gebiete in Syrien, nicht aber mit Kurdistan im Sinne von »stan«, das soviel wie das »Land der...« bedeutet, bezeichnen.

Kurdensiedlungen in der Sowjetunion

Die kurdischen Siedlungsgebiete in der UdSSR tragen ebenfalls nur die Bezeichnung »Kurdenregionen der Sowjetunion«, da es auch hier, wie in Syrien, kein geschlossenes kurdisches Gebiet gibt. Siedlungsflächen sind über die Republiken Armenien, Georgien, Aserbaidjan, Kasachstan, Kirgisien und Turkmenien verstreut. Einige hunderttausend Kurden dieser Gebiete sind anerkannte Minderheiten. Ihre Sprache ist erlaubt und wird teilweise auch in den Schulen unterrichtet. Aber eine Autonomie besitzen die Kurden auch in der Sowjetunion nicht, und an der Aufteilung dieses Volkes war Rußland eben nicht unbeteiligt.

Ob nun mit der gänzlich neuen Struktur und Politik der Sowjetunion, wo man nationalistische Entwicklungen im Ansatz toleriert, auch die Kurden auf den Plan gerufen werden, Autonomie, Freiheit und Selbstbestimmung zu fordern, wird sich wohl bald zeigen.

Kurdistan ist mit seinem Gesamtterritorium, wenn auch immer noch »verstreut« auf fünf Länder, wenige Jahre vor der Jahrtausendwende der Weltöffentlichkeit mehr als je ins Bewußtsein gerückt.

Das schwere Los, ein Kurde zu sein.

Kurdistan

UdSSR	
Türkei	
Syrien	Iran
Irak	

Kurdische Freiheitslyrik

»Brunnen werden vergiftet,
Bäume geholzt,
Frauen und Kinder
Tränenerstickt vertrieben,
Häuser niedergebrannt.

Vögel ziehen fort in eine neue Heimat.
Sie fliegen über Blut und Tränen.
Das Volk verblutet und wir mit ihm.

Ihr werdet trotzdem nicht sterben,
Ihr werdet ewig leben.
Solange die Liebe lebt.«

Schrifttum

Bardorf A. u. W., *Syrien und Jordanien*, Reisebuchverlag U. Bardorf, München 1986

Bibel, Altes und Neues Testament, Herder-Verlag, Stuttgart 1980

Chaliand G., *Kurdistan und die Kurden, Band I*, Gesellschaft für bedrohte Völker, Göttingen 1988

Deschner G., *Die Kurden*, Verlag Straube, Erlangen–Bonn–Wien 1989

Dornhege H., *Türkei: Wo Noahs Arche landete*, Verlag Keyser

Fadel Khalil, *Kurden heute*, Europaverlag, Wien, Zürich, 1990

Faryad Fazil Omar, *Leuchten aus der Stimme, Kurdische Studien*, Berlin 1988

Freely John, *Türkei*, Prestel-Verlag, München 1986

Hell Vera/Hellmut, *Türkei I und II*, Verlag Kohlhammer GmbH, Stuttgart–Berlin–Köln–Mainz 1985

Hennerbichler F., *Geiselbefreiung in Kurdistan*, Edition S, Verlag der Österr. Staatsdruckerei, Wien 1986

Hennerbichler F., *Die für die Freiheit sterben*, Edition S, Verlag der Österr. Staatsdruckerei, Wien 1988

Heuß A./Maun G., *Weltgeschichte – Hochkulturen des mittleren und östlichen Asiens*, Ullstein-Verlag, Frankfurt/Main 1979

Hütterroth W. D., *Türkei*, Wissenschaftliche Buchgesellschaft, Darmstadt 1982

Koran – Das Heilige Buch des Islam, Goldmann-Verlag, München 1959

Mandel G., *Wie erkenne ich Islamische Kunst*, Belser AG, Gondom-Verlag, Stuttgart–Zürich 1991

Moscati S., *Wie erkenne ich Mesopotamische Kunst*, Belser AG, Gondom-Verlag, Stuttgart–Zürich 1991

Pörtner, *Alte Kulturen ans Licht gebracht*, Econ-Verlag, Düsseldorf–Wien 1975

Rasoul Fadil, *Großmachtpolitik und Freiheitskampf*, Junius-Verlag, Wien 1988

Renz A., *Land um den Ararat*, Prestel-Verlag, München 1985

Schmöckel H., *Das Gilgamesch-Epos*, Kohlhammer GmbH, Stuttgart–Köln–Berlin 1989

Schneider/Dux, *Türkei*, Du Mont-Verlag, Köln 1987

Steinke D., *Irak*, Reisebuchverlag U. Bardorf, München 1989

Stirli H., *Städte in der Wüste*, Belser-Verlag, Stuttgart–Zürich 1987

Vanly Ismet Ch., *Kurdistan und die Kurden, Band II und III*, Gesellschaft für bedrohte Völker, Göttingen und Wien 1986, 1988

Zuhdi Al-Dahoodi, *Die Kurden*, Umschau-Verlag, Frankfurt/Main 1987

Glossar

Die Übertragung arabischer, türkischer und altorientalischer Namen und Begriffe in die deutsche Sprache stellt ein schwieriges und nahezu unlösbares Problem dar. Ich versuchte daher, eine möglichst einfache und lesbare Form der Schreibweise anzuwenden, die auch gleichzeitig eine annähernd richtige Aussprache ermöglicht.

Abbasiden – *arabische Kalifen von Bagdad und Samara*
Achämeniden – *persisches Königshaus, Stammvater Achaemenes (ca. 700 v. Chr.)*
Adiyaman – *Stadt in der Nähe des Nemrud Daği (Götterberg)*
Ağha, ağa – *Herr, ursprünglich militärischer Rang*
Ahura Mazda – *»der weise Herr«, höchste Gottheit der Zarathustra-Religion*
Akkad – *Stadtstaat, gegründet von Sargon*
Altintepe – *antike Urartu-Stadt, Goldhügel*
Anatolien – *Land der aufgehenden Sonne, asiatische Türkei und angrenzende Teile Syriens und des Irak*
Aramäisch – *in Syrien entstandene Sprache, Sprache Jesu*
Ararat – *höchster Berg in Kurdistan, 5165 Meter, in der Bibel als »Landeplatz der Arche« erwähnt*
Arier – *Völker des indoiranischen Zweiges der indogermanischen Sprachfamilie (z. B. Meder, Perser)*
Assur – *Gottheit Assyriens und gleichnamige erste Hauptstadt*
Assurbanipal – *Assyrerkönig*
Assyrer – *Bewohner Assyriens, eines seit dem 2. vorchristlichen Jahrtausend mächtigen Reiches im Vorderen Orient*
Babil, Babel – *Name Babylons im Alten Testament*
Babylon – *»Tor Gottes«, alter Flurname, Stadt*
Bagdad – *Hauptstadt des Irak*
Baktrien – *Ebene in Nord-Afghanistan*
Basilika – *zumeist dreischiffiger Sakralbau, dessen Mittelschiff höher als die Seitenschiffe ist*
Baškale – *Kurdenstadt zwischen Van und Hakkari*
Basrah – *Stadt am Schatt el-Arab, Irak*
Bazar (Suk), *meist überdachte Markthalle*
Bitumen – *Erdpech, Asphalt wurde als Mörtel verwendet*
Boğazkale – *Stadt in der Türkei, einst Hattuša*
Büyük – *groß*
Cami – *Moschee, türkisch*
Chaldäa (Kaldäa) – *neubabylonische Bezeichnung für Babylonien*
Chaldäer – *aramäische Stammesgruppe in Südbabylonien; gründeten in dem später Chaldäa genannten Gebiet mehrere Kleinstaaten*
Cudi Daği – *Dschudi-Berg, möglicher »Arche-Landeplatz« an der türkisch-irakischen Grenze*
Daği – *Berg*
Daǧlari – *Gebirgszug*
Dere – *Tal*
Diadochen – *Feldherren Alexanders des Großen die sich nach dessen Tod (323 v. Chr.) sein Weltreich teilten*
Diyarbakir – *Großstadt in Südost-Anatolien, Türkei*
Doğu – *Osten*
Doğubayazit – *Grenzstadt in der Osttürkei zum Irak hin*
Domestizierung – *Umzüchtung von Wildtieren zu Haustieren*
Einkorn – *einfache Weizenart*
Ekbatana, Hamadan – *Stadt im West-Iran*
Elam – *altes Königreich im heutigen Südwest-Iran*
Elamiter – *Volk asiatischen Ursprungs*
Emir – *hoher Verwaltungsbeamter*
Emmer – *Zweikorn, einfache Weizenart*
Erzincan – *Stadt in Ostanatolien*
Erzurum – *Universitätsstadt in der Osttürkei, Stadt an der ehemaligen Seidenstraße*
Euphrat – *mit 2600 km längster Fluß im Vorderen Orient*
Fayencen – *glasierte, bemalte Tonwaren*
»Fruchtbarer Halbmond« – *bogenförmiges Landwirtschaftsgebiet von Südost-Anatolien bis Palästina, Gebiet des frühesten Ackerbaus in Mesopotamien*
Gandhara-Kultur – *Kultur in Nord-Pakistan mit griechisch-indisch-persischem Einfluß*
Garmo (Dscharmo) – *prähistorische Ausgrabungsstätte (6000 v. Chr.) im Nordirak*
Gečidi – *Paß, Übergang*
Genozid – *Mord an nationalen, rassischen oder religiösen Gruppen*
Gilgamesch – *König von Uruk, Verfasser der sumerischen Heldenliteratur*
Gölü – *See*
Gudea – *Stadtfürst von Lagaš, Irak (2100 v. Chr.)*
Guti – *Bergvolk (3000 v. Chr.)*
Hakkari – *südöstlichste Provinz der Türkei*
Hamam – *türkisches Bad*
Hamiten – *afrikanische Sprach- und Völkergruppe*
Hammurabi – *König der ersten Dynastie von Babylon*
Hängende Gärten – *Dachgartenkonstruktion, eines der sieben Weltwunder*
Harran (Hauran) – *Ebene Abrahams in der Südtürkei/Nordsyrien*
Hedschra – *Loslösung, Auswanderung Mohammeds 622 n. Chr., Beginn der islamischen Zeitrechnung*
Herakles – *Herkules, griechische Heldenfigur*
Hethiter – *indogermanisches Volk, das im 2. Jahrtausend v. Chr. im östlichen Kleinasien (Kappadokien) ein Großreich gründete, von dem erstmals eine umfangreiche Eisenmetallurgie nachgewiesen ist*
Hisar – *Burg*
Hochkultur – *Kultur mit städtischer Zivilisation*

Hurriter – *bedeutendes Kulturvolk des Alten Orients*
Ideogramm – *Schriftzeichen für einen ganzen Begriff*
Imam – *islamischer Heiliger*
Inanna, Ischtar – *sumerische Göttin, Schutzgöttin von Uruk*
Indogermane – *benannt nach den Indern im Südosten und den Germanen im Nordwesten*
Induskultur – *vorarische Hochkultur am Indus (Indien)*
Inschallah – *so Gott will (islamisch, arabisch)*
Ischtar – *Göttin der Liebe und des Krieges*
Iwan – *auf drei Seiten geschlossener und mit einer Tonne überwölbter Raum, dessen vierte Seite sich in voller Höhe und Breite öffnet. Davor liegt ein Hof.*
Jezidi – *Religion der Hoffnung (fälschlich Teufelsanbetung)*
Kaaba – *islamisches Heiligtum*
Kala(c)h, Nimrud – *assyrische Königsresidenz, südlich Ninive, Irak*
Kale, Kalesi – *Burg, Festung*
Kalif – *Nachfolger*
Kalligraphie – *Schönschreibkunst, islamische Kunst*
Kapitell – *Kopfstück einer Säule*
Kara – *schwarz, türkisch*
Karawanserei – *Herberge und Lager für Karawanen und Kaufleute*
Karim Sahir – *Ausgrabungsstätte (9000 v. Chr.), (Dscharmo), bei Garmo, Irak*
Karkemisch – *ehemalige hethitische Residenz am Euphrat in der Südtürkei (1000 v. Chr.)*
Kassiten – *zagro-elamitisches Bergvolk*
Keilschrift – *Schrift im Altertum (3000 v. Chr.)*
Kimmerier – *nomadisierendes Reitervolk*
Kirkuk – *kurdische Stadt im Nord-Irak*
Köy – *Dorf, türkisch*
Küçük – *klein, türkisch*
Kufi-Schrift – *eckige, islamische Schönschrift*
Kümbet – *Kuppelgrab*
Kurd Dagh – *Gebirge im nordsyrischen Kurdengebiet*
Kurdistan – *von »Kurd« = Kurde, »stan« = Land*
Lagaš, *antike Stadt südlich Bagdad*
Lapislazuli – *blauer, undurchsichtiger Edelstein, Schmuckstein*
Lulubi – *zagro-elamitisches Bergvolk*
Lyder – *Bewohner Lydiens, einer Landschaft im antiken Kleinasien*
Lykier – *Bewohner Lykiens, einer Landschaft im antiken Kleinasien*
Mahabad – *kurzzeitig kurdische Hauptstadt im Iran*
Mameluken – *kasernierte Militärsklaven, türkisch-tscherkessisch*
Marduk – *Stadtgott Babylons*
Maristan – *persisches Wort für Krankenhaus*
Masgid – *Moschee*
Meder – *Bewohner Mediens (Hauptstadt Ekbatana, heute Hamadan)*
Medien – *altes Königreich im Westiran (Ekbatana, Hamadan)*
Medrese – *Schule für islamische Theologie, Koranschule*
Mesolithikum – *Mittelsteinzeit, folgt unmittelbar auf die letzte Eiszeit*
Mesopotamien – *Land zwischen den Flüssen Euphrat und Tigris*
Minarett – *Turm; Moscheeturm, von dem der Muezzin zum Gebet ruft*
Mitanni-Staat – *Staat in Nordmesopotamien im 15. – 14. Jhdt. v. Chr.*
Mohammed – *Prophet, islamischer Religionsstifter*
Moschee – *islamisches Gebetshaus, wo man einzeln zum privaten Gebet hingeht oder freitags in Gemeinschaft betet*
Mosul – *Kurdenstadt im Nordirak*
Mudif – *Schilfhaus*
Muezzin – *Gebetsrufer*
Mustafa Kemal, *Gründer der »jungen Türkei«*
Nehri, nehir – *Fluß*
Neolithikum – *Jungsteinzeit*
Nestorianer – *Anhänger der Häresie von Nestor (380–440 n. Chr.), der Christus als zwei voneinander getrennte Personen ansah*
Nimrud – *siehe Kala(c)h*
Ninive – *Hauptstadt Assyriens, heute Mosul, Irak*
Obsidian – *vulkanisches Glasgestein*
Okkupation – *Besetzung fremden Hoheitsgebietes*
Omajjaden – *ersten Kalifendynastie*
Paläolithikum – *Altsteinzeit, Epoche der primitiven Steinwerkzeuge*
Parther – *iranischer Volksstamm*
Pascha, *orientalischer Titel*
Peschmerga – *kurdischer Freiheitskämpfer*
Phryg(i)er – *Bewohner Phrygiens, einer Landschaft im antiken Innerkleinasien*
Pogrom – *Ausschreitungen gegen Minderheiten*
Prozessionsstraße – *die berühmteste aller Straßen Babylons; sie führte von Norden her durch das Ischtar-Tor nach Süden*
Razzien – *Raubzüge*
Sarayi – *Palast*
Sassaniden – *persisches Herrschergeschlecht*
Schiiten – *Anhänger einer der beiden Hauptkonfessionen des Islams*
Seldschuken – *nach ihrem Anführer Seldschuk benanntes türkisches Volk (11. Jahrhundert)*
Seleukiden – *makedonische Dynastie (313–64 v. Chr.), Reichshauptstadt Seleuk(e)ia am Tigris, Irak*
Semiarid – *Halbwüste*
Semiramis – *die Gemahlin des assyrischen Königs Schamschi-Adad V.*
Semiten – *Araber, Orientalen*
Sin – *Mondgott*
Sinan – *der größte Baumeister der Osmanen*
Siverek – *Stadt bei Urfa, Türkei*
Skyt(h)en – *zentralasiatische Nomaden*
Stadtstaaten – *Organisationsform der sumerischen Niederlassung war der Stadtstaat, Mittelpunkt war der Tempel*
Stelen – *aufrechtstehende Steinblöcke, meist mit Inschriften*
Su – *Wasser*
Sumerer – *Bewohner des Landes Sumer in Süd- und Mittelbabylonien*
Sunniten – *Anhänger einer der Hauptkonfessionen des Islams*
Tanintanin Gečidi – *Bergstraße im türkischen Grenzgebiet zum Irak*
Tepe – *antiker künstlicher Hügel, Siedlungsschutt*
Timur Lenk, Tamerlan – *»der Lahme«, Mongolenführer (1336–1405)*
Türbe – *Grabmal, Grabmoschee*
Ulu – *groß, türkisch*
Urartäer – *Bewohner des alten Urartu (Gebiet um den Vansee)*
Urartu – *mächtiges Königreich am Vansee (900 v. Chr.), Türkei*
Urfa – *Provinz-Hauptstadt in der Südost-Türkei*
Uruk – *biblisch Erech, heute Warka im Südirak, Monumentalbauten 3500 v. Chr., Schrift von Uruk*
Van – *türkische Stadt, Südost-Türkei*
Vasallen – *Knechte*
Yayla – *Hochalm, Sommerweide*
Yeni – *neu*
Yüksekova – *Grenzstadt zu Iran – Irak, türkische Stadt*
Zagros-Gebirge – *westpersisches »Kurden-Gebirge«, das einst Elam von Sumer trennte*
Zarathustra – *Prophet und Begründer der Zarathustra-Religion (600 v. Chr.), die ihrerseits auf die mazdaische Religion zurückgeht; höchste Gottheit ist Ahura Mazda*
Zikkurat – *mesopotamischer Name für Stufentempel, der einem künstlichen Berg ähnelt*
Zwischenstromland – *auch Zweistromland, heute Irak*